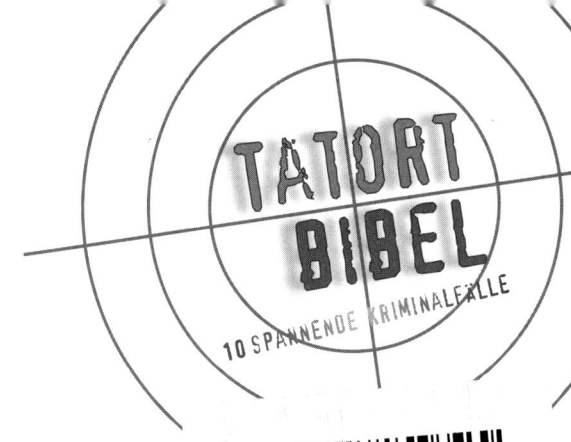

Monika Gunkel

TATORT BIBEL

10 SPANNENDE KRIMINALFÄLLE

Namen und Orte sind frei erfunden.
Entstehende Ähnlichkeiten sind
NICHT rein zufällig.

kbw bibelwerk

www.bibelwerk.de
ISBN 978-3-460-30403-1

Alle Rechte vorbehalten.
© 2010 Verlag Katholisches Bibelwerk GmbH, Stuttgart
Alle Bibelzitate: Einheitsübersetzung der Heiligen Schrift
© 1980 Katholische Bibelanstalt GmbH, Stuttgart
Gesamtgestaltung: www.anna-katharina-stahl.de
Druck und Bindung: Made in Tschechien

Namen und Orte sind frei erfunden.
Entstehende Ähnlichkeiten sind NICHT rein zufällig.
Wir bitten die Leser bei den Ermittlungen mitzuwirken
und sich sachdienliche Hinweise zu notieren.

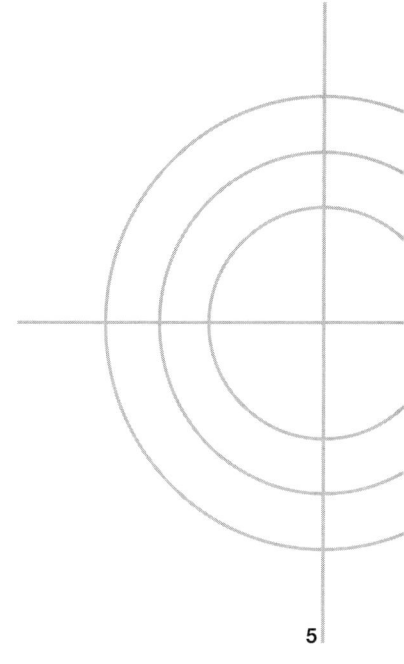

INHALTSVERZEICHNIS

S. 9 **EIN WORT ZUVOR**

S. 10 **GEBRAUCHSANWEISUNG**

S. 17 **DER ERSTE FALL: HAUPTKOMMISSAR POPE**
DER RÄTSELHAFTE ZEUGE [nach Ex 2,1-22]

S. 29 **DER ZWEITE FALL: HAUPTKOMMISSAR FOODSI**
DAS ERBE DER FAMILIE KAANIS [nach Gen 27,1-45]

S. 38 **DER DRITTE FALL: HAUPTKOMMISSAR RENNER**
DER RÄTSELHAFTE BRIEF DES OFFIZIERS JOBA [nach 2 Sam 11,1 – 12,4]

S. 48 **DER VIERTE FALL: HAUPTKOMMISSARIN FEMINENZ**
ACHMED UND AMANO [nach 2 Sam 13,1-29]

S. 59 **DER FÜNFTE FALL: HAUPTKOMMISSAR PROFESSOR**
TERRORANSCHLAG MIT GEISELNAHME [nach Jer 52]

S. 92 **DER SECHSTE FALL: HAUPTKOMMISSARIN FEMINENZ**
MORD IM LOKAL LAGERPLATZ [nach Jdt 10-13]

S. 105 **DER SIEBTE FALL: HAUPTKOMMISSAR POPE**
DER TOTE AUS DER KIESGRUBE
[nach Apg 6,8 – 8,1a]

S. 116 **DER ACHTE FALL: HAUPTKOMMISSAR RENNER**
SCHWARZE MESSE ODER MASSENMORD?
[nach 1 Kön 16,29-34; 18,1-40]

S. 130 **DER NEUNTE FALL: HAUPTKOMMISSAR FOODSI**
DAS GRAUSAME EXEMPEL [nach Mk 6,17-29]

S. 143 **DER ZEHNTE FALL: HAUPTKOMMISSAR PROFESSOR**
WIRKLICH SELBSTMORD?
[nach Mt 26,14-25.46-50; Mt 27,3-5; Apg 1,16-19]

S. 152 ANMERKUNG für haupt- und ehrenamtliche Mitarbeiter in der pastoralen Gemeindearbeit

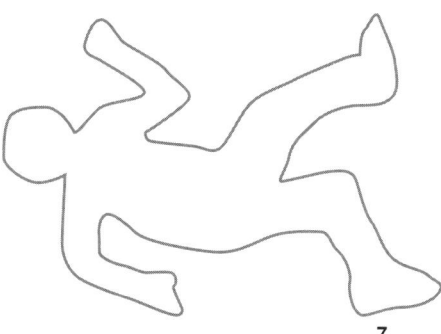

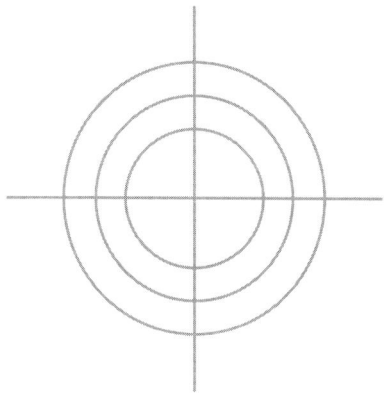

EIN WORT ZUVOR

Jeder begeisterte Krimi-Leser ertappt sich irgendwann dabei, dass er beim Lesen einer Geschichte selbst anfängt zu ermitteln. Alle Hobby-Kriminalisten liegen mit diesem Buch genau richtig: Denn hier klären die Leser die Fälle auf! Und zwar nicht irgendwelche Kriminalfälle. Der Tatort eines jeden Falles ist die Bibel! Schon auf den ersten Seiten der Bibel begegnet uns das erste Verbrechen, ein Mord: Kain erschlägt seinen Bruder Abel. Nun, dabei gibt es nicht viel zu ermitteln, die Beweislage ist eindeutig, der Täter geständig. Aber die Bibel hat noch viel mehr zu bieten und liest sich an manchen Stellen wie der Polizeireport einer Tageszeitung. Der erstaunte Leser merkt, dass die Verbrechen vor 2000 Jahren die gleichen sind wie hier und heute, denn sie handeln von den Abgründen in den Menschen – und die haben sich bis heute nicht verändert.

Am Ende einer jeden Geschichte kann sich der Leser für einen Tatverdächtigen entscheiden. Ob er damit richtig oder falsch liegt, findet er ganz schnell anhand der extra abgedruckten Bibelstelle heraus.

Aber dann fängt erst der ganz große Krimi-Rätsel-Spaß an: Man nehme einen Bleistift zur Hand! Das Buch lässt nämlich Platz für Notizen. Vergleicht man Orte, Personen, Tatmotive und das ganze Geschehen miteinander, eröffnen sich die witzigen oder schauerlichen Spitzfindigkeiten, die man beim ersten Lesen noch nicht erkannt hat. Na dann, viel Spaß am Tatort Bibel!

Ihre Monika Gunkel

GEBRAUCHSANWEISUNG

DER DRITTE FALL: HAUPTKOMMISSAR RENNER
DER RÄTSELHAFTE BRIEF DES OFFIZIERS JOBA

Renner schnappt seine Notizen und geht schwungvoll zur Magnettafel: „Wir haben einen Toten und es geht um die Frage: War es ein Unfall oder war es Mord?"

„Oho", kommentiert Foodsi. Mehr bringt er nicht heraus, weil er gerade wieder am Kauen ist. Aber man kann spüren, wie Aufmerksamkeit und Spannung steigen: Klick. Renner setzt den ersten Magneten.

„Der Mann heißt Ulrich A. Er ist Berufssoldat und bei einem Auslandseinsatz der Truppe ums Leben gekommen." Klick. „Todesursache ist eine Schussverletzung. Die Kugel stammt definitiv aus einem feindlichen Gewehr." Klick. „Zeugen haben wir genug, denn ein ganzer Teil der Truppe war ja live dabei. Der Militäreinsatz richtete sich gegen eine Gruppe nationaler Fundamentalisten, die sich in einem Außenbezirk der Stadt Rabba verschanzt hatten. Dort vermutete man nicht nur eine Art Hauptquartier, sondern auch ein größeres Waffenlager. Unterstellt war die Truppe einem Offizier namens Joba." Klick.

Prof, der ja ständig die Weltlage diskutiert, gelingt der erste Zwischenruf: „Also, das sieht mir nach einer ganz normalen militärischen Kampfhand-

38

2 Wenn das erste Lesen des Falls keine Lösungsidee mit sich bringt, ist es sehr spannend, die Bibelstelle nachzuschlagen und Parallelen von Orten, Personen und Geschehen festzuhalten.

1 Die Notizzettel an den Rändern laden dazu ein, selbst kriminalistisch tätig zu werden. Lösungsideen oder biblische Parallelen, die einem beim Lesen des Falles schon einfallen, können gleich festgehalten werden.

lung aus, die jeden Tag irgendwo auf dieser Welt passiert. Leider! Meiner Meinung nach, kann man da weder von Unfall, noch von Mord sprechen."

Gerade will sich ein allgemeiner Meinungsaustausch zusammenbrauen, als Renner die Hände erhebt: „Halt, halt, halt, ich bin ja noch nicht fertig. Ich gebe Prof recht, bis hierher war es ein bedauerlicher Zwischenfall. Hätten nicht einige aus der Truppe durch Zufall ein paar Merkwürdigkeiten registriert und wären misstrauisch geworden: Alle sind der Meinung, dass Ulrich A. noch leben könnte, hätte er sich nicht in eine äußerst gefährliche Position begeben.

Erstens wird daher zu klären sein, ob er auf Befehl oder ohne Befehl gehandelt hat. Und zweitens: Ein paar Tage vor dem Zwischenfall ist ein Teil der Truppe aus dem Heimaturlaub zurückgekommen. Zu ihnen gehörte auch Ulrich A., der für den Offizier Joba einen Brief mitbrachte. Auch das ist eigentlich nichts Ungewöhnliches. Seltsam ist nur, dass ausgerechnet Ulrich A. ein Kurier von allerhöchster Stelle sein sollte, denn mehrere Sol-

Joab = Heeresführer Israels (2 Samuel 1)

der Hetiter. Urija, Untergebener von Joab (2 Samuel 6)

? David wollte Urija wegen Batseba beseitigen !

Brief mit eigenem Todesurteil? (2 Samuel 14?)

3 Falls keine Bibel zur Hand ist, sind alle relevanten Bibelstellen in der Mitte des Buches zu finden.

Namen und Orte sind frei erfunden.
Entstehende Ähnlichkeiten sind NICHT rein zufällig.
Wir bitten die Leser bei den Ermittlungen mitzuwirken
und sich sachdienliche Hinweise zu notieren.

Ein Tag wie heute

Eigentlich hat dieser Herbsttag nichts Besonderes an sich, wie er sich so friedlich über dem Schulhof ausbreitet. Die Sonne lacht nicht so, dass man ins Schwitzen kommen würde. Nein, sie lächelt nur. Der Wind stürmt nicht. Er spielt mit dem Laub, als wenn er nichts anderes vorhätte. Die aus der Fünften bewerfen sich wie in jeder Hofpause mit Kastanien; die Lehrer stehen in ihrer Lieblingsecke und müssen nirgends eingreifen. Und doch liegt über diesem Vormittag eine merkwürdige Spannung, als ob heute noch etwas passieren würde. Nicht jeder kann sie spüren, – die Fünf aber schon.
Die Fünf sind Freunde solange sie denken können. Seit früher Kindheit haben sie ein gemeinsames Hobby: Sie sind extrem neugierig. Und so sind sie ebenso beliebt wie gefürchtet. In der dritten Klasse haben sie alle Dachböden, Keller und Gartenlauben ihrer Eltern „erforscht". Die Schlüssel zu besorgen, war ihr kleinstes Problem. Weil sie alle in der gleichen Kirchengemeinde aufwuchsen, gab es für sie dann mit zwölf Jahren auch auf den Kirchenböden und dem Kirchturm keine unbekannte Ecke mehr und keinen Schrank, den sie nicht mit einem selbst angefertigten kleinen Werkzeug, auf- und wieder zuschließen

konnten. Jetzt sind sie in der Elften, tun überaus erhaben und bezeichnen das alles als Kinderkram. Ja, es ist ruhig geworden um die Fünf. Die Eltern haben sich abgeregt, die Beschwerden der Pfarrer sind verjährt und auch die Lehrer können nicht so richtig klagen. Trotzdem umgibt die Fünf eine geheimnisvolle Aura. Wenn man sie heute auf dem Schulhof beobachtet, könnte man meinen, sie hätten gar nichts miteinander zu tun.

Peter, genannt der Professor, diskutiert mit einem Zwölfer die allgemeine Weltlage. Das ist sein Lieblingssport. Professor heißt er übrigens wegen seines Brillentricks. Ständig hat er ein anderes Modell und jedes neue ist kleiner als das alte. Das gibt ihm etwas Kluges und Kurioses zugleich. Zehn Meter weiter auf dem Rand eines Papierkorbes sitzt Jonas, auch genannt Foodsi, weil er immer am Futtern ist. Am Papierkorb hat er den kürzesten Weg, Chipstüten, Kekskrümel, Erdnussschalen und andere Verpackungen fachgerecht zu entsorgen. Wenn Foodsi Hunger hat, ist er nicht zu ertragen. Ansonsten ist er der hellste Kopf der Fünf. Und wenn es mit dem Denken mal nicht so klappen will, muss er schnell etwas nachfüllen. An einer ganz anderen Stelle des Hofes dreht Renner mit seinem Rad akkurate Achten. Renner ist sein Fahrrad am Hintern angewachsen. Wenn er nicht trainiert, fährt er aus Spaß oder zum Relaxen, also eigentlich immer. Böse Zungen behaupten, er nähme sein Rad auch abends mit ins Bett. Dafür ist er der Schnellste der Fünf, im Reaktionsvermögen ebenso wie auf der Straße. Dann gibt es noch den Popen. Bis zur vierten Klasse wollte er Pfarrer werden. Heute spricht er nicht mehr darüber. Trotzdem hat er den Namen behalten. Jetzt sitzt er im Gras und liest. Auch sonst ist er gern mal allein und lässt sich nicht in die Karten gucken. Außerdem ist er der Boss der Jugendgruppe in der Pfarrei und einer von denen, die auch mal freiwillig zum Bibelabend gehen. Na eben der Pope. Und Nummer fünf, man staune, ist ein Mädchen: Ihre Feminenz. Der Name ist eine gemeinsame Wortschöpfung der Gruppe und besteht aus „Eminenz", der Anrede für einen Kardinal, und „feminin", gleich weiblich. Für diesen Titel hat sie hart gearbeitet. Überall dort, wo sie den Eindruck hat, dass nur Männer das Sagen haben, mischt sie sich ein. Vor allem in der Kirchengemeinde. Sie meint immer, die wichtigen Dinge könnte man niemals Männern allein überlassen. Und die Kirche ist ihr tatsächlich sehr wichtig. Heute steht sie an einen Baum gelehnt und hält, die Augen geschlossen, ihr Gesicht der Sonne entgegen: Jede Minute nutzt sie für die Schönheit. Und eitel ist sie dazu auch noch.

Kein Mensch würde auf die Idee kommen, dass in diesem Moment die Fünf irgendetwas verbindet. Es klingelt, die Hofpause ist zu Ende. Pope schlägt sein Buch zu und geht, wie zufällig, an Renner vorbei. Dabei hebt er sein Buch ein wenig in die Höhe und murmelt: „Heute um sechs im Keller." Renner kapiert sofort, tritt in die Pedale und nimmt seinen Kurierdienst auf. Bevor die Ersten das Schultor erreicht haben, wissen alle fünf: Heute um sechs im Keller.

Die Eltern des Professors bewohnen ein ziemlich nobles Haus am Stadtrand. Prof ist der Einzige der Freunde, der zwei Zimmer bewohnt, und zwar im Keller des Hauses. Seine Eltern sagen Souterrainwohnung dazu, für die Fünf war es immer nur der Keller. Der größte Vorteil des Kellers ist, dass sich die Eltern dort so gut wie nie blicken lassen. Dazu sind sie zu sehr beschäftigt und selten zu Hause. Auch heute, als Renner mit dem Rad in die Einfahrt einbiegt, ist das Haus dunkel. Nur aus dem Keller dringt ein matter Lichtschein. Renner sattelt das Rad auf seine Schultern und geht die Treppe hinunter. Niemals würde er sein Rad draußen stehen lassen!

„Hi, Prof was liegt an?", fragt Renner und lässt sich in einen Sessel fallen. „Keine Ahnung, Pope hat eingeladen. Ich bereite nur alles vor." Alles, das ist ein großer Bogen Papier an der Wand, mehrere dicke Stifte und, nicht zu vergessen, die Magnettafel mit einer Unmenge an runden farbigen Magneten. So nach und nach kommen auch die anderen und alles läuft wie nach einem geheimnisvollen Ritual ab: Ihre Feminenz zündet ungefragt etwa zwanzig Teelichter an, Foodsi packt jede Menge Essbares auf den Tisch und der Pope ordnet zum dritten Mal einen Stapel beschriebener Zettel. Nachdem Renner und der Prof Getränke aus dem elterlichen Vorratskeller beschafft haben, kann es losgehen. Alle Augen sind auf den Popen gerichtet, der offensichtlich noch auf eine ganz bestimmte Frage wartet. Und da ist sie schon, von Foodsi gestellt: „Was haben wir heute?" Der Pope antwortet: „Eine Leiche."

DER ERSTE FALL: HAUPTKOMMISSAR POPE
DER RÄTSELHAFTE ZEUGE

Pope steht auf, wuselt noch einmal durch seine Aufzeichnungen und begibt sich zur Magnettafel: „Die Regeln sind allen klar. Die Bibel ist notwendig und erlaubt. Absoluter Kardinalsfehler, der hier zum Glück noch keinem passiert ist: Es werden keine biblischen Inhalte, wie Namen, Orte oder sogar Bibelstellen genannt. Wir leben im 21. Jahrhundert und unterhalten uns auch so, das heißt alles Biblische wird ins Heute übertragen. Klaro?!" Und dann geht es los. Klick: Der erste Magnet hängt und Pope beginnt.

„Männliche Leiche, etwa Mitte 30, bekleidet mit einem Overall mit Firmenlogo und Arbeitsschuhen." Klick, zweiter Magnet: „Todesursache war ein Schlag auf den Hinterkopf mit einem stumpfen Gegenstand, von der Tatwaffe keine Spur." Klick: „Fundort der Leiche ist eine Baustelle etwas außerhalb der Stadt. Dort soll eine Reihe von Nobelapartments entstehen. Bauherr ist eine Firma mit dem Namen Pharo AG. Das Logo der Firma gleicht dem auf dem Overall des Toten. Ob der Fundort gleichzeitig der Tatort ist, steht noch nicht einwandfrei fest. Der Tote wurde unter einem kleineren Kiesberg entdeckt, wie er auf allen Baustellen zu finden ist." Klick, nächster Magnet: „Todeszeitpunkt vor etwa einer Woche."

Sofort geht ein Murmeln durch die Runde: Man hat den Eindruck, als ob jeder schon etwas dazu sagen will. Pope hebt die Hand und sagt mit obercoolem Blick: „Fragen später! Zur Identität des Toten: Er hatte keinerlei Papiere bei sich. Ausweis, Führerschein, Kreditkarte gleich Null. Das sind erst einmal die nackten Tatsachen. Ach ja, etwas ist noch bemerkenswert: Der Tote wurde nicht durch Zufall gefunden. Es gab einen anonymen Anruf, dem die Polizei nachgegangen ist."

„Ach nee, guck mal einer an", grinst Renner und macht sich emsig Notizen. Pope nimmt nun wieder Platz und schaut erwartungsvoll in die Runde: „Gibt es Fragen?"

Sofort erhebt sich ein lautstarkes Durcheinander. Jeder will zuerst. Pope hebt die Hände und ruft: „Disziplin! Einer nach dem anderen. Wir müssen heute Abend schließlich den Fall lösen. Foodsi beginnt."

„Wenn das Logo auf dem Overall identisch ist mit dem Logo der Firma, müssen wir davon ausgehen, dass der Mann dort angestellt war. Daher stellen sich folgende Fragen:

- Was war sein Aufgabengebiet?
- Warum wurde er eine Woche lang nicht vermisst?
- Wurden dazu Kollegen befragt oder die Firmenleitung?
- Ist er überhaupt von jemandem vermisst worden?
- Liegt eine Vermisstenanzeige vor?"

Pope reicht ihm die Bibel: „Kümmere dich darum! Weiter!" Foodsi fängt an zu blättern. Renner wedelt wild mit seinem Stift in der Luft herum und beginnt: „Der Mann wurde aufgrund eines anonymen Anrufes gefunden. Das heißt, es gibt einen Zeugen. Jemand muss den Mord beobachtet haben oder zumindest gesehen haben, wie die Leiche verbuddelt wurde."

Feminenz fällt ihm ins Wort: „Das ist nicht logisch! Wieso meldet der Anrufer sich erst nach einer Woche? Wenn es einen Zeugen gibt, warum meldet er sich nicht sofort?"

Professor grübelt vor sich hin: „Es muss einen Grund geben, weshalb er gewartet hat. Vielleicht hatte er zunächst gar nicht die Absicht, die Polizei zu informieren und hat es sich erst später überlegt. Aber warum?"

„Aus Rache!", wirft Feminenz ein und ihre Augen blitzen: „Stellt euch vor, er hat wirklich die Tat beobachtet und den Täter erpresst. Dieser jedoch konnte oder wollte nicht zahlen. Und dann hat unser Zeuge es wahr gemacht und bei der Polizei angerufen."

Der Prof schüttelt den Kopf: „Denkfehler! Mit dem Anruf hat er doch dem

Mörder gar nicht geschadet. Er hat doch nur einen Hinweis auf die Leiche gegeben."

Feminenz gibt sich nicht geschlagen: „Vielleicht eine erste Warnung für den Mörder?"

„Oder er kennt den Mörder gar nicht und konnte nicht mehr Angaben machen?", gibt der Prof zu bedenken."

Nun greift Pope ein: „So kommen wir nicht weiter. Wir brauchen mehr Informationen. Prof und Feminenz ermitteln in Richtung mutmaßlichen Zeugen. Die Bibel liegt auf dem Tisch. Und Renner?"

„Ich möchte mich mal in dieser Firma umschauen:
- Was ist ein kleinerer Kiesberg?
- Kann den jemand in kurzer Zeit alleine aufschaufeln oder braucht es dazu größere Geräte, einen Bagger oder Ähnliches?
- Dass die Tat am Tage geschah, ist eher unwahrscheinlich, da wird ja gearbeitet. Was machte der Mann nachts auf der Baustelle?
- Wie ist die Baustelle gesichert und was ist das überhaupt für ein Verein?
- Was verbirgt sich hinter dieser Pharo AG?"

Nun knistert die Luft. Es wird geblättert, leise diskutiert und hin und wieder klickt ein Magnet an eine andere Stelle der Tafel. Der große Bogen füllt sich mit Stichworten, Pfeilen und jeder Menge Fragezeichen. Die Zeit klickert dahin, die Teelichter werden kleiner. Hauptkommissar Pope räuspert sich: „Ihr wisst schon, dass wir den Fall gelöst haben müssen, bevor die Teelichter erloschen sind! Also zeigt mal her, was ihr so habt."

Renner, wie immer der Reaktionsschnellste, beginnt: „Also diese Pharo AG ist der große Baulöwe der Region und hat schon etliche andere Betriebe platt gemacht. Sie ist so eine Art Familienunternehmen. Alles was Pharo heißt und Beine hat, arbeitet im Betrieb.
Offensichtlich angeln die sich einen Auftrag nach dem anderen, indem sie die Mitbewerber unterbieten. Das können sie nur, weil sie Unmengen an ausländischen Arbeitern billig beschäftigen. Die offizielle Zahl sind vierhundert ausländische Bauarbeiter, die Dunkelziffer ist wahrscheinlich noch viel höher. Sie bezahlen schlecht und setzen auch sonst die Leute wahnsinnig unter Druck: Wer nicht funktioniert, wird gefeuert!
Die Baustelle an sich ist völlig unauffällig. Sie ist eingezäunt, aber etliche Zaunteile sind nur mit Kabelbindern verbunden. Dort kommt jeder leicht nur mit einem Taschenmesser hinein. Der Fundort der Leiche war ja nun nicht mehr original.

Aber nach meiner Einschätzung hätte man den Kies locker in einer halben Stunde mit einer Schippe aufhäufen können: Also kein Bagger erforderlich."

„Ja, danke", sagt der Pope gedehnt und sieht fragend in die Runde: „Wer will?"

Foodsi schiebt sich schnell noch eine Hand voll Erdnüsse in den Mund und hebt gleichzeitig die Hand: „Zur Identität des Toten: Er hieß Pavo und war auf der Baustelle so etwas wie ein Vorarbeiter. Er musste Arbeitsabläufe koordinieren, organisieren und so überall nach dem Rechten sehen. Dabei ist er besonders mit den Ausländern nicht gerade zimperlich umgegangen. Es gibt keinen, den er nicht schon mal mit Worten oder Fäusten fertig gemacht hätte. Er war – gelinde gesagt – ein Schwein.

Natürlich ist aufgefallen, dass er nicht zur Arbeit erschienen ist. Aber vermisst hat den keiner. Die Kollegen waren einfach nur froh, dass er nicht da war. Also, ein Motiv hat auf dieser Baustelle jeder. In der Personalabteilung war es noch nicht aufgefallen, dass er nicht auf der Baustelle war. Dem Personalchef war das ziemlich peinlich. Er hat so was wie ‚möglicherweise Urlaub' gefaselt. Aber überzeugend war das nicht. Den Täter in der Chefetage zu suchen ist, meiner Meinung nach, Nonsens."

„Und wie sieht es nun mit den eventuellen Zeugen aus?" Alle Blicke gehen gespannt zu Feminenz und Prof.

"Also wir haben einiges, was aber aufs Ganze gesehen noch nicht in dem Topf ist, wo es kocht", beginnt Prof. „Bitte alle mitdenken: Es gab in der Tat vor etwa einer Woche einen handfesten Streit. Oder besser gesagt, unser Opfer hatte wieder einmal einen Ausländer auf dem Kieker. Wenn man den Kollegen glauben kann, kam das in jeder Woche mindestens dreimal vor; also eigentlich nichts Besonderes. Aber an diesem Montag muss es wohl sehr heftig gewesen sein: Dafür gibt es jede Menge Zeugen. Außergewöhnlich ist, dass mehrere den kleinen Türken verteidigt haben. Das kam nicht so oft vor. Keiner wollte ja der Nächste sein, den der Pavo in die Mangel nimmt. Dass es bei diesem Streit auch zu Handgreiflichkeiten kam, halten wir nicht für ausgeschlossen, wird aber von allen Beteiligten bestritten.

Fakt eins ist: Der Pavo wurde danach von niemandem mehr gesehen.

Fakt zwei: Die ganze Mannschaft ist hinterher den Ärger hinunterspülen gegangen und hat sich vollgesoffen, was der Wirt der Kneipe bestätigt hat. Es könnte sich im Laufe des Abends schon jemand abgeseilt haben und zur Baustelle zurückgegangen sein. Aber das hat natürlich niemand gesehen, und wenn doch, würden sie es ganz bestimmt nicht erzählen."

Prof ist fertig und schaut in der Hoffnung auf Geistesblitze in die Runde. Nur Feminenz lächelt siegessicher, als ob sie noch ein Ass im Ärmel hat: „Ich habe die Zeugensuche doch noch mal auf die Chefetage ausgedehnt. Da musste ich zunächst Renner Recht geben. Von denen hat den Namen Pavo noch nie jemand gehört. Aber einer von den Söhnen, Moritz Pharo, war allerdings nicht anwesend, er war verreist."
„Na und?", unterbricht sie Renner: „Das ist doch nichts Ungewöhnliches in so einer Firma. Was macht denn dieser Moritz da genau?"
„Nun er ist nicht gerade der Juniorchef, aber Lampen putzen tut er auch nicht. Er hat ein ziemlich großes eigenständiges Arbeitsgebiet."
„Na also, so einer kann doch mal unterwegs sein, oder?", Renner schaut den Popen an, aber der zuckt nur mit den Schultern.
„Wartet doch mal. Das ist doch noch nicht alles", Feminenz ist wegen der Einwürfe sichtlich genervt: „Erstens weiß keiner, wo er hin ist, – und er ist auch nicht zu erreichen. Zweitens war eine Dienstreise, wohin auch immer, im Moment gar nicht im Gespräch. Er ist vorige Woche Hals über Kopf abgereist. Seine Sekretärin hat zufällig die Buchungsbestätigung des Fluges entgegenge-

nommen und sich gewundert, dass er offensichtlich selbst gebucht hat, wo das doch ihre Aufgabe wäre. Auf Nachfrage hat er kurz angebunden geantwortet, das wäre eine persönliche Angelegenheit."

„Das sieht ja aus wie eine Flucht", Foodsi will gerade schon wieder das Wort ergreifen als Feminenz ihn scharf unterbricht: „Und drittens ist dieser Moritz gar kein leiblicher Sohn des Alten. Er ist adoptiert! Und darüber hinaus noch türkischer Abstammung. So, jetzt seid ihr dran."

Feminenz genießt gerade noch die Wirkung ihrer Ausführungen, als Prof sie kopfschüttelnd anlächelt: „Wie hast du das alles herausgefunden? Weißt du noch mehr über diese merkwürdige Adoption?"

„Nicht viel", gibt Feminenz zu. „Und ich weiß auch nicht, ob das alles stimmt und wie viel davon nur Geschwätz ist. Eine Tochter des Alten hatte zu ihrer Teenie-Zeit wohl so eine soziale Ader und dabei den Typen angeschleppt. Der war irgendwie in Schwierigkeiten und das Wasser stand ihm bis zum Hals. Da der Alte seinem Töchterchen nichts abschlagen konnte, blieb er im Haus. Weshalb der Alte ihn dann später adoptiert hat, darüber gibt es nur Gerüchte. Man sagt, der Alte hatte irgendwas gut zu machen. Was das auch immer heißen mag!"

„Gut recherchiert", lobt Pope und nickt anerkennend. Aber mit dem gleichen Atemzug wird es im Raum dunkler.

Die Kerzen sind ausgegangen, Pope teilt rote Zettel aus. Nun geht jeder noch einmal zur Tafel; schiebt etwas hierhin, vergleicht dort und schreibt schließlich etwas auf seinen Zettel. Pope sammelt die Zettel ein und steckt sie lässig hinten in die Hosentasche: „Dank und Anerkennung den Ermittlern. Heute Nacht habt ihr noch Zeit zum Nachdenken, falls ihr euren mutmaßlichen Täter noch entlasten wollt oder eine neue Eingebung habt. Ansonsten legen wir morgen in der Schule den gelösten Fall zu den Akten. Ich bin gespannt!"

☛ Unsere Leser müssen nicht so lange warten. Sie finden den entscheidenden Hinweis auf den Täter auf Seite 69-70. [Ex 2,1-22]

⊙ ⊙ ⊙

Am nächsten Morgen in der Hofpause haben unsere Fünf eine ausgezeichnete Laune. Sie stehen zusammen unter dem Kastanienbaum und feiern so richtig ab. Ihre Lacher dröhnen über den ganzen Schulhof, es schlagen Hände aneinander und Daumen werden in die Höhe gehoben. Die Lehrer schauen mit hochgezogenen Augenbrauen in ihre Richtung als ob sie befürchteten, es würde sich etwas Unheilvolles zusammenbrauen. Die Mitschüler sind eher neidisch auf die geheimnisvolle Aura, mit der die Fünf immer für Aufsehen sorgen. Foodsi ergreift das Wort, nachdem er noch mal herzhaft in sein Riesenbaguette mit Schinken gebissen hat, das er sich auf dem Schulweg besorgt hatte und das eigentlich den ganzen Vormittag reichen sollte:
„Also ich finde, wir sind gerade so gut drauf, dass wir keine Zeit versäumen sollten. Ich hätte da auch einen neuen Fall, aber ich brauche noch einen Tag. Wie wäre es mit Übermorgen?"
„Um sechs im Keller?", fragt Feminenz.
„Um sechs im Keller", flüstern alle und gleich danach bricht ein großes Jubelgeheul aus.
Die Lehrer schütteln mit dem Kopf und gehen in Richtung Schulhaus. Sie haben genug gesehen. Mehr wollen sie gar nicht wissen. Foodsi putzt sich die Brötchenkrümel von Sweatshirt und packt den Rest des Baguettes wieder ein. Und alle anderen verkrümeln sich ebenfalls.

Als Pope und Renner sich Samstag kurz vor sechs Profs Behausung nähern, steigen seine Eltern gerade ins Auto.

Die Mutter sagt noch lachend:

„Das ist ja schön, dass ihr alle wieder da seid. In dieser Woche könnt ihr euch wohl gar nicht trennen." Gott sei Dank will sie nicht wirklich eine Antwort, denn im gleichen Moment schlägt die Autotür zu.

„Hu, das hätten wir", pustet Renner und der Pope nickt erleichtert. Unten ist schon fast alles vorbereitet: Papier, Stifte, Magnete, Kerzen. Foodsi sitzt vor seinen Aufzeichnungen und hat eine lange Reihe Gummibärchen vor sich aufgebaut – es kann also losgehen. Und da ist auch schon die Frage: „Was haben wir heute?"

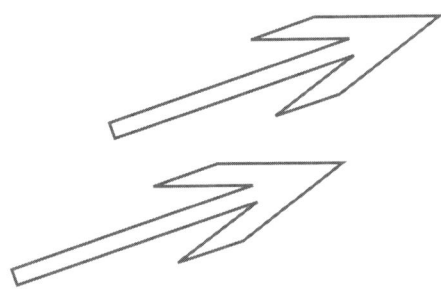

DER ZWEITE FALL: HAUPTKOMMISSAR FOODSI
DAS ERBE DER FAMILIE KAANIS

„Wir haben heute einen hoch angelegten Betrug und einen Täter", Foodsi schaut triumphierend in die Runde und wartet auf Protest, der auch sofort von Renner kommt:

„Und warum sitzen wir dann heute hier?"

Foodsi steht auf: „Ich korrigiere mich. Wir haben einen Betrug und wir kennen den Täter, – haben ihn aber nicht."

Prof schüttelt den Kopf und schiebt seine Brille wieder hoch: „Was ist denn das für eine merkwürdige Geschichte?"

Feminenz wird ungeduldig: „Nun leg doch endlich los!"

Foodsi wirft sich mit Schwung noch ein Gummibärchen in den Mund und geht zur Magnettafel: Klick.

„Es geht um eine Familie Kaanis, die einen ziemlich großen Bauernhof hat, einen sogenannten Erbhof. Seit weiß ich wie vielen Generationen wird der Hof immer an den ältesten Sohn vererbt. Das ist sozusagen festgeschrieben für die Ewigkeit. Nun hat das Ehepaar Kaanis aber zwei Söhne, Jack und Eric, die dazu auch noch Zwillinge sind."

Wieder klicken zwei Magnete und es ist ein aufgeregtes Tuscheln zu hören.

Foodsi hebt die Hand: „Ruhe, das hat überhaupt noch nichts zu sagen. Denn auch bei Zwillingen ist ja immer einer der zuerst geborene. In diesem Falle ist das Eric. Nun haben sich die Knaben aber im Laufe der Jahre recht unterschiedlich entwickelt: Eric hatte nicht viel für Haus und Hof übrig. Er liebte seine Freiheit und seine Vergnügungen, kam manchmal tagelang nicht nach Hause und war wohl auch sonst ein ziemlicher Hallodri. Allerdings war er der Lieblingssohn vom Alten und so verzieh der ihm immer wieder seine Eskapaden. Ganz anders war der Jack, der sich emsig um den Hof kümmerte und den Laden auch sehr gut im Schuss hatte. Das freute vor allem seine Mama, die sehr stolz auf ihn war und die bei Streitigkeiten immer auf seiner Seite stand."

Foodsi schreibt noch einige Details auf den Papierbogen und fährt fort: "So könnte man denken, alles hat schön seine Ordnung: ein Mama-Sohn, ein Papa-Sohn, das hält das Gleichgewicht. Wenn da nicht diese Erbregelung gewesen wäre." Er geht zum Tisch zurück, um noch weitere zwei Gummibärchen in den Mund zu schieben. Es war ganz still geworden und die Spannung knistert mit den Kerzen um die Wette.

Foodsi setzt sich und sagt: "Ich mach es kurz. Der Alte wurde krank und es sah so aus, als ob er nicht mehr lange leben würde, aber nicht mehr so richtig den Durchblick hatte. In dieser Zeit muss irgendetwas passiert sein. Denn nach seinem Tod taucht plötzlich ein Schriftstück auf, aus dem eindeutig zu ersehen ist, dass der Alte den Jack zum Erben eingesetzt hat.

Es ist ziemlich klar, dass Jack oder seine Mutter oder beide das eingefädelt haben. Eric tobt und zieht vor Gericht, um sein Erbe einzuklagen. Mehrfach hat er vor Zeugen gebrüllt, dass er seinen Bruder umbringen würde, falls er den Prozess verliere. Ein Urteil gibt es noch nicht, – aber jetzt ist Jack verschwunden! Einfach nicht auffindbar!"

Foodsi lehnt sich zurück, zieht die Schultern hoch und breitet die Arme aus: „Nun, Fragen?"

„Aber hallo, jede Menge", Prof hebt als Erster die Hand: „Es geht offensichtlich um Kohle, um viel Kohle bei so einem Erbe. Da hat einer von langer Hand einen Betrug geplant. Dann sieht es so aus, als ob er damit sogar Erfolg hat. Denn dieses Schriftstück existiert ja nun mal, auch wenn der Alte es nicht freiwillig oder bei vollem Bewusstsein unterschrieben haben sollte. Das wird man kaum noch herausfinden können. Und dann verschwindet der Erbschleicher, bevor die ganze Sache entschieden ist. Das ist mysteriös:

- Ging es bei dem Erbe vielleicht nicht nur um den Hof?

- Hatte der Alte eventuell noch irgendwo anders ein zweites Standbein, Geld im Ausland oder ein anderes Projekt oder Unternehmen am Laufen?

Dann wäre es Jack nicht wirklich um den Erbhof gegangen, sondern er könnte sich dorthin abgesetzt haben."

„Das ist eine interessante These", bestätigt Foodsi, „aber leider bisher nur Spekulation. Geh dieser Idee mal nach. In Sachen Hochfinanz kennst du dich ja am besten aus von uns allen."

Nachdem das Gelächter über diesen gelungenen Scherz abgeebbt ist und Feminenz endlich ihre Haarbürste zur Seite legt, mit der sie erfolglos versucht, ihre Haare zu bändigen, übernimmt sie das Wort: „Ich würde mich gerne mal um die Mutter kümmern, so von Frau zu Frau. Meiner Meinung nach ist sie eine Schlüsselfigur in der Geschichte:

- Was wusste sie über Jacks Absichten, den Hof an sich zu bringen?
- War das ein Komplott der beiden?
- Wusste der Vater, was er da unterschreibt, oder hat man ihn mit falschen Informationen gefüttert, um die Unterschrift zu bekommen?"

Foodsi nickt anerkennend und zeigt auf die Bibel. Reden kann er gerade schlecht, weil er mal gerade wieder den Mund voll hat.

Dafür redet Pope gleich weiter: „Mich würde interessieren, was die Brüder überhaupt für ein Verhältnis zueinander hatten. Dazu müsste man sich mal im Umfeld herumhören: Hausangestellte,

Freunde, Verwandte oder Nachbarn wissen bestimmt etwas. Die Kaanis waren ja bekannte Leute. Außerdem möchte ich gerne noch mehr über die Morddrohung wissen:

- Was sind das für Zeugen, die davon erzählen?
- Und was ist, wenn er die Drohung längst wahr gemacht hat und Jack gar nicht mehr lebt? Das wäre doch auch ein Grund für sein Verschwinden – und wir hätten es hier sogar mit einem Mord zu tun."

Nun bricht ein mittelgroßer Tumult aus und Renner, wie immer der Schnellste, tönt über alle hinweg: „Wenn ich meinen Bruder umbringen möchte, um an das Erbe zu kommen, dann würde ich das so machen, dass man auch eine Leiche findet. Das dauert doch Jahre bis ein Vermisster für tot erklärt wird."

„Und in der Zwischenzeit ist doch Eric der Boss", wirft Feminenz dazwischen. „Oder wird dann das Erbe so lange ausgesetzt?"

Foodsi hat alle Mühe die Diskussionen zu stoppen, aber Renner ist jetzt in Fahrt: „Ich glaube nicht, dass er tot ist. Meine Ermittlungen gehen jetzt

in Richtung Jack:
- Wer hat ihn als Letzter gesehen?
- Hat er irgendjemandem gesagt, dass er verreisen will?
- Ist er auf der Flucht vor seinem Bruder?
- Wo könnte er sich versteckt halten?"

Foodsi öffnet eine Büchse Erdnüsse und lehnt sich zufrieden zurück: „Großartig! Dann haben ja alle genug zu tun."

Während der Arbeitsphase traf man sich heute immer wieder an der Tafel. Dort wurden Magnete verschoben und Pfeile gemalt, Ergebnisse sortiert und diskutiert. Das machte Foodsi so neugierig, dass er sich dahinter stellte, um das Ganze zu beobachten. Nach einer Weile meint er: „Ich finde, ihr seid ganz schön weit gekommen und ziemlich nah dran. Lasst uns mal alles zusammentragen."

Jeder nimmt wieder seinen Platz ein und Pope beginnt: „Also: Das Verhältnis der Brüder war gar nicht so schlecht wie man meinen könnte. Irgendwie haben sie sich in ihrer Unterschiedlichkeit arrangiert und keiner redete dem anderen dazwischen. Auch, wenn Jack vom Lebenswandel seines Bruders nicht so begeistert war. Aber ich habe auch noch etwas Interessantes."

Pope räuspert sich: „Genau. Es gab schon nämlich früher einmal einen Deal zwischen den beiden, der auch das Erbe betraf. Als Eric mal wieder in der Klemme war, wollte Jack ihm nur helfen, wenn Eric auf sein Recht als Ältester verzichtet und er das Sagen auf dem Hof hat. So unter Druck gesetzt, stimmte Eric der Sache leichten Herzens zu, denn mit dem Arbeiten auf dem Hof hatte er es ja ohnehin nicht so. Später, als er die ganze Tragweite begriffen hatte, sagte er, er habe das für einen Scherz gehalten."

Feminenz meldet sich: „Ich möchte hier gleich mal einhaken. Von dieser Geschichte wusste auch die Mutter und sie hatte es keineswegs für einen Scherz gehalten. Wie ich schon ahnte, ist sie die treibende Kraft des ganzen Betruges. Es war ihre Idee, die natürlich bei Jack auf fruchtbaren Boden fiel. Sie hat auch zugegeben, dass ihr Mann nicht wusste, was er da unterschreibt."

Renner steht auf: „Feminenz hatte mit der Mutter einen guten Riecher. Die hat es faustdick hinter den Ohren. Sie ist auch die Letzte gewesen, die Jack gesehen hat. Sie hatte vor den Morddrohungen mehr Angst als Jack selber. Ich bin mir sicher, dass er lebt und dass sie weiß, wo er ist. Sie hat überall, in der Nähe und weiter weg, Verwandtschaft, wo er locker abtauchen kann. Wahrscheinlich hat sie die Flucht sogar organisiert."

Prof, der heute das Schlusswort hat, setzt sich umständlich zurecht: „Als einziges Motiv für das Verschwinden von Jack Kaanis bleibt wirklich nur die Angst übrig. Der Alte war absolut integer: keine dunklen Geschäfte, keine Briefkastenfirma, nichts. Alles Kapital steckt wirklich in dem Hof. Und jetzt kommt das Beste. Jack hat bei seinem Verschwinden weder eine größere Menge Geld abgezweigt, noch irgendwelche Wertgegenstände mitgenommen. Entweder ist er Hals über Kopf abgehauen oder er wollte wirklich nichts Unkorrektes tun. Was allerdings zu der ganzen Betrugsgeschichte schlecht passt."

Foodsi bedankt sich bei seinem Ermittlerteam und teilt die roten Zettel aus: „Hier noch mal die Kernfrage: Wo ist Jack Kaanis und gibt es möglicherweise noch ein anderes Motiv für sein Verschwinden als die Angst vor seinem Bruder? Dieses Mal habt ihr bis Montag Zeit, eure bisherigen Ergebnisse eventuell zu revidieren. Na dann, fröhliches Bibelstudium am Sonntag!"

☛ Falls unsere Leser nicht so lange warten wollen, haben wir für sie wieder den entscheidenden Tipp zur Aufklärung auf den Seiten 70-72. [Gen 27,1-45]

⊙ ⊙ ⊙

Am Montag in der Schule hielt sich die Begeisterung in Grenzen – bis auf Renner und den Popen. Sie kreuzen zu zweit auf Renners Fahrrad über den Hof und sind offensichtlich in Siegerlaune. Die anderen diskutieren noch den Fall und ärgern sich über ihre eigene Blödheit, wie es der Prof so treffend bezeichnet. Es gibt einfach zu viele rivalisierende Brüderpaare in der Bibel.
Renner kommt angebraust und tönt im Befehlston: „Schluss jetzt! Ihr wollt doch wohl nicht im Selbstmitleid ertrinken! Jede Schlappe schreit nach der nächsten Herausforderung: Ich hätte da auch noch etwas auf der Pfanne!"
Feminenz gibt zu bedenken: „Und wir alle haben in dieser Woche noch zwei Klausuren."
„Wo sie recht hat, hat sie recht!", der Prof kratzt sich hinter dem Ohr und wiegt den Kopf hin und her.
Doch Renner gibt sich nicht geschlagen: „Und wie wäre es mit Freitag? So als Belohnung für die stressige Woche?"
Die Gesichter hellen sich auf, wohlwollendes Nicken.
Renner grinst zufrieden: „Na dann, um sechs im Keller."

Am Freitag sind alle schon sehr zeitig da. Die Woche hatte sie geschlaucht und sie gönnen sich eine Runde gemeinsames Abhängen. Bis auf Renner, der kommt erst in letzter Minute angerannt, beziehungsweise angeradelt und will gleich durchstarten. Da alles vorbereitet ist, fehlt nur noch die bewusste Frage. Und da ist sie schon:
„Na dann zeig mal her. Was haben wir denn heute?"

DER DRITTE FALL: HAUPTKOMMISSAR RENNER
DER RÄTSELHAFTE BRIEF DES OFFIZIERS JOBA

Renner schnappt seine Notizen und geht schwungvoll zur Magnettafel: "Wir haben einen Toten und es geht um die Frage: War es ein Unfall oder war es Mord?"

"Oho", kommentiert Foodsi. Mehr bringt er nicht heraus, weil er gerade wieder am Kauen ist. Aber man kann spüren, wie Aufmerksamkeit und Spannung steigen: Klick. Renner setzt den ersten Magneten.

"Der Mann heißt Ulrich A. Er ist Berufssoldat und bei einem Auslandseinsatz der Truppe ums Leben gekommen." Klick. "Todesursache ist eine Schussverletzung. Die Kugel stammt definitiv aus einem feindlichen Gewehr." Klick. "Zeugen haben wir genug, denn ein ganzer Teil der Truppe war ja live dabei. Der Militäreinsatz richtete sich gegen eine Gruppe nationaler Fundamentalisten, die sich in einem Außenbezirk der Stadt Rabba verschanzt hatten. Dort vermutete man nicht nur eine Art Hauptquartier, sondern auch ein größeres Waffenlager. Unterstellt war die Truppe einem Offizier namens Joba." Klick.

Prof, der ja ständig die Weltlage diskutiert, gelingt der erste Zwischenruf: "Also, das sieht mir nach einer ganz normalen militärischen Kampfhandlung aus, die jeden Tag irgendwo auf dieser Welt passiert. Leider! Meiner Meinung nach, kann man da weder von Unfall, noch von Mord sprechen."

Gerade will sich ein allgemeiner Meinungsaustausch zusammenbrauen, als Renner die Hände erhebt: „Halt, halt, halt, ich bin ja noch nicht fertig. Ich gebe Prof recht, bis hierher war es ein bedauerlicher Zwischenfall. Hätten nicht einige aus der Truppe durch Zufall ein paar Merkwürdigkeiten registriert und wären misstrauisch geworden: Alle sind der Meinung, dass Ulrich A. noch leben könnte, hätte er sich nicht in eine äußerst gefährliche Position begeben.

Erstens wird daher zu klären sein, ob er auf Befehl oder ohne Befehl gehandelt hat. Und zweitens: Ein paar Tage vor dem Zwischenfall ist ein Teil der Truppe aus dem Heimaturlaub zurückgekommen. Zu ihnen gehörte auch Ulrich A., der für den Offizier Joba einen Brief mitbrachte. Auch das ist eigentlich nichts Ungewöhnliches. Seltsam ist nur, dass ausgerechnet Ulrich A. ein Kurier von allerhöchster Stelle sein sollte, denn mehrere Soldaten hatten unabhängig voneinander behauptet, Absender und Briefkopf des General Davidoff erkannt zu haben.

Einer will beobachtet haben, dass Joba mit dem Brief sehr nachdenklich in seinem Zelt gesessen hatte und beim Eintreten eines anderen den Brief hektisch eingesteckt hat, so als ob er etwas verbergen wollte. Trotzdem würde wahrscheinlich keiner mehr über diese Dinge nachdenken, wäre da nicht der völlig sinnlose Tod des Ulrich A. gewesen, den sich keiner erklären kann. Die Soldaten dort verstehen alle ihr Handwerk und keiner von ihnen würde sich, nach eigenen Angaben, freiwillig so einem Risiko aussetzen. Und das glauben alle von Ulrich A. auch. So und jetzt seid ihr dran!"

Foodsi sitzt schon in den Startlöchern und powert los: „Also, ich würde mich gerne auf dem Kriegsschauplatz umsehen. Wenn du sagst, dass sich keiner freiwillig in eine solche Situation begeben würde, dann müssen wir davon ausgehen, dass Ulrich A. auf Befehl gehandelt hat. Da wird dann vor allem der Offizier Joba interessant:

- Was ist das für ein Mensch?
- Ist er bekannt für leichtsinnige Entscheidungen?
- Wie ist sein Verhältnis zur Truppe?
- Ist Ähnliches schon einmal vorgekommen?

Toll wäre natürlich, wenn ich noch herausfinden könnte, was in dem mysteriösen Brief gestanden hat."

Renner schiebt eine Bibel über den Tisch: „Na, da hast du dir ja einiges vorgenommen: Viel Glück!"
Feminenz hat auch schon ihre Strategie klar: „Ich werde mich mal um die trauernde Witwe kümmern."
„Wieder mal so von Frau zu Frau?", lachen Prof und Pope los.
„Lacht nur", Feminenz wirft energisch den Kopf zurück, „von den Waffen einer Frau versteht ihr sowieso nichts. Und um eine Witwe zu trösten, kommt ihr ja wohl nicht in Frage."
„Wollen wir auch gar nicht. Wir wollen uns viel lieber in der gehobenen Gesellschaft umsehen und etwas über den General Davidoff erfahren:

- Was hat der Mann für einen Ruf?
- Gibt es Skandalgeschichten?
- Ist er in irgendwelche Machenschaften des Geheimdienstes verwickelt?
- Kannte er Ulrich A. persönlich?
- Wieso benutzte er ihn als Kurier? Denn das scheint ja unbestritten zu sein."

Renner lehnt sich zufrieden zurück. Man arbeitet. In der nächsten Stunde breitet sich eine unglaubliche Stille

aus, die nur durch das Blättern in den Bibeln unterbrochen wird. Plötzlich steht Feminenz auf, gesellt sich zu Prof und dem Popen und legt ihre Bibel in die Mitte. „Aha", denkt sich Renner, „da haben sich Querverbindungen ergeben. Gut so!"
Ein besorgter Blick auf die Kerzen sagt ihm, dass es auch Zeit wird für diese Erkenntnis. Foodsi stellt an der Tafel gerade noch den Kriegsschauplatz dar, die anderen drei warten ungeduldig, um ihre Ergebnisse mitzuteilen. Renner erteilt ihnen auch gleich das Wort.

Prof putzt seine Brille und beginnt: „Das Interessanteste ist sicher für alle, dass der General und Ulrich A. sich wirklich kannten. Ihre Häuser liegen nämlich auf Sichtweite in der gleichen Straße. Weshalb sich ein einfacher Soldat ein Haus in so einer Nobelgegend leisten kann? Ganz einfach: Es gehört dem Vater seiner Frau Barbara. Und die ist nicht nur reich, sondern auch schön und sehr attraktiv. Aber dazu hat sicher Feminenz noch einiges zu sagen.
Was den General betrifft, ist das auch kein unattraktiver Mann und er scheint seine Wirkung auf Frauen auch total zu kennen. Er wechselt die Frauen wie die Hemden und es gibt das Gerücht, dass er jede kriegt, die er haben will. Offensichtlich will er auch viele. Seine berufliche Karriere ist nicht so skandalumwittert. Man hält ihn für kompetent und erfolgreich, eben ein Senkrechtstarter, der nicht nach links und nach

rechts guckt, wenn es um seinen Erfolg geht. Das ist zwar nicht immer nett, aber nicht verboten. Und nun, Feminenz, hol deinen Joker aus dem Ärmel!"

„Ja, es ist ein offenes Geheimnis, dass die schöne Barbara auch in die Frauensammlung des Generals gehört, und zwar als ziemlich neues Modell. Ob ihr Mann von dem Verhältnis wusste, habe ich nicht herausbekommen, glaube ich aber nicht. Schließlich ist er oft genug im Jahr im Einsatz.

Und, Joker zwei: Sie ist schwanger! Hundertprozentig nicht von ihrem Mann. Ich kann ja rechnen."

Feminenz schaut triumphierend in die Runde und der Pope hakt gleich ein: „An dieser Stelle haben wir dann unsere Ergebnisse zusammengelegt und sind zu der Meinung gekommen, dass der Herr Davidoff doch ein ziemlich starkes Motiv hat, den Ehemann los zu werden."

Foodsi nickt mit dem Kopf und kaut schnell seine Kartoffelchips herunter: „Das wäre ein glatter Auftragsmord und der gibt nun auch meinen Ermittlungen einen Sinn. Denn danach hätte Joba Ulrich A. zwar diesen unsinnigen Befehl gegeben, aber damit auch nur auf Befehl gehandelt. Das passt! Denn keiner aus der Truppe hat ihn negativ beurteilt. Im Gegenteil, alle halten ihn für einen besonnenen Typen, der sich seiner Verantwortung bewusst ist. Aber auf der anderen Seite gibt es elegantere Methoden, um einem Mann die Frau auszuspannen. – Finde ich jedenfalls."

Feminenz kratzt sich mit dem Bleistift am Kopf und meint nachdenklich: "Vielleicht, aber nicht in seiner Position. So eine Geschichte mit der Frau eines Untergebenen, die dazu noch schwanger ist, lässt sich nicht in der Anonymität halten und könnte eventuell an seinem Stuhl sägen. Wenn allerdings der General sich höchstpersönlich um die schwangere Frau eines tödlich verunglückten Soldaten kümmert, würde ihm das eher Pluspunkte einbringen."

"Eh Feminenz, du bist gut." Und während Feminenz sich noch in den anerkennenden Blicken sonnt, ergreift der Pope noch einmal das Wort.

"Ich habe noch etwas vergessen, weiß nicht ob es wichtig ist. In der Villa von dem Davidoff lebt ein alter Mann, den der General selbst immer als seinen langjährigen Berater bezeichnet, ein Herr Nabal. Er ist eine ziemlich umstrittene Persönlichkeit. Die einen halten ihn für weise, die anderen für verrückt. Auf meine Fragen hat er nur geschwiegen, aber plötzlich erzählte er aus heiterem Himmel eine obskure Geschichte. Je länger ich darüber nachdenke, desto mehr glaube ich, dass das eine verschlüsselte Antwort sein könnte. Ich mach es kurz:

Er sprach von einem reichen Mann, der eine große Schafherde hatte. Neben diesem wohnte ein armer Mann, der nur ein einziges Schaf besaß. Als der Reiche einmal Besuch bekam, wollte er ein Festessen ausrichten. Doch anstatt ein Schaf aus seiner eigenen Herde zu holen, schlachtet er das einzige Schaf des Nachbarn. - Ende der Geschichte!"

Stille, keiner sagt was. Foodsi fängt sich zuerst: „Wenn das ein Bild für unseren Mordfall sein soll, dann hat er von dem Mord gewusst. Aber ehrlich gesagt, sehe ich noch keine andere Parallele als Schlachten und Mord. Wer sollen die anderen Schafe sein, wer der Arme und der Reiche? Das passt alles nicht zusammen."

„Das ist kein Bild für den Mordfall, das ist ein Bild für die Liebesgeschichte", Feminenz schüttelt den Kopf und die Jungs schauen sehr skeptisch.

Sie lächelt milde: „Davidoff hat ganz viele Frauen gehabt, aber er nimmt dem die Frau weg, der nur eine einzige hat."

Renner pfeift anerkennend durch die Zähne und lenkt schnell ab: „Okay, darüber könnt ihr ja alle noch bis Montag nachdenken. Aber wir haben heute schon ein bisschen überzogen. Die Kerzen sind längst aus. Ich bedanke mich schon mal. Ihr wart richtig gut. Ich habe das Gefühl, dass wir heute gar keine roten Zettel brauchten. Aber Rituale sind wichtig. Und deshalb lege ich sie wieder auf den Tisch. Die Frage war: Unfall oder Mord?"

☛ Wer es von unseren Lesern gleich wissen möchte, findet den entscheidenden Hinweis auf den Seiten 72-73.
[2 Sam 11,1 – 12,4]

⊙ ⊙ ⊙

Am Sonntag trafen sich die Fünf – wie rein zufällig – nach der Kirche. Insgeheim hat wohl jeder gehofft, den anderen zu treffen, um den Erfolg feiern zu können. Und wenn man sie dort so lachend auf der flachen Kirchenmauer sitzen sieht, wie sie einen Fez nach dem anderen machen, ist man sich dessen ganz sicher. Der eine oder andere strafende Blick frommer Kirchenbesucher trifft sie, die dieses Verhalten vor der Kirche für reichlich unangemessen halten.
Aber davon merken die Fünf nichts, im Gegenteil. Feminenz springt mit kühnem Satz von der Mauer und verkündet lauthals: „Und nun Freunde, lasst mal die Frauen dran. Ich bin bereit. Was macht ihr heute Abend?"
Renner reagiert wieder sofort: „Ich denke mal um sechs im Keller?" Fünf Hände schlagen aneinander. Ciao und Bye ist das Letzte, was von ihnen zu hören ist.

Am Abend kommt Feminenz perfekt vorbereitet. Sie hat zusätzlich noch einige kleine farbige Papierstreifen mit Namen in der Hand, mit denen sie pausenlos herumwedelt. Der Papierbogen an der Wand scheint heute besonders groß zu sein. Endlich stellt Foodsi die ersehnte Frage: „Na, was haben wir denn heute?"
Und Feminenz murmelt: „Wenn ich das schon so genau wüsste!"

DER VIERTE FALL: HAUPTKOMMISSARIN FEMINENZ
ACHMED UND AMANO

Sie beginnt: „Frauen sind ja immer sehr praktisch veranlagt. Da uns in unserem vorigen Fall die Familie Davidoff schon so sehr beschäftigt hat, dachte ich mir, das könnte uns nützen. Denn diese Familie hat noch einiges mehr zu bieten. Erstens sind diese Davidoffs eine Patchwork-Familie vom Feinsten. Das ist an sich ja noch nichts Schlimmes. Es sieht aber so aus, als ob unser General mit jeder Flamme auch mindestens ein Kind gezeugt hat. Und deshalb müssen wir heute ein wenig anders beginnen, nämlich mit einer Art Familienaufstellung. Keine Angst nicht von der ganzen Familie, – da würden wir noch in drei Tagen hier sitzen. Es geht nur um die Personen die in den Fall, beziehungsweise, die Fälle verwickelt sind."

„Was denn, gleich zwei Fälle?", platzt Prof dazwischen.

„Genau das müssen wir herausfinden." Feminenz geht zur Magnettafel.

„Da haben wir erst mal den Vater Davidoff." Klick. „Dann die beiden Söhne, um die es hier geht: Achmed und Amano." Klick, Klick. „Die haben jeweils eine eigene Mutter, sind also Halbgeschwister. Und die Tochter Tamara, die ein mögliches Opfer sein könnte." Klick. „Herr Davidoff hat einen

Bruder namens Simon, der nicht so ganz interessant ist. Dafür sein Sohn Jonas," Klick, „der ein echter Cousin von Amano ist, aber darüber hinaus sind die zwei befreundet wie dicke Tinte. Könnt ihr mir noch folgen?" Feminenz schaut fragend in die Runde.

„So leidlich", kommt es gequält vom Popen.

„Also, Jonas und Amano haben es faustdick hinter den Ohren und wo der eine ist, ist der andere nicht weit. Meistens kommt nichts Gescheites dabei heraus. Am liebsten ziehen sie mit der schönen Tamara los und sonnen sich in ihrem Flair. Jedenfalls war das bis zu einem bestimmten Zeitpunkt so. Dann wurde Amano krank und Jonas wich nicht von seiner Seite. Tamara kam, um ihren Bruder zu besuchen. Bis dahin alles ganz normal.

Was dann vorgefallen ist entzieht sich unserer Kenntnis. Für alle hörbar war ein lautstarker Streit, Krach, auch Schreie und Weinen und man sah Tamara aus dem Haus rennen mit zerrissenem Kleid und zerwühlten Haaren. So irrte sie durch die Stadt und war total abwesend. Sie ließ sich von niemandem ansprechen oder anfassen. So fand sie ihr Bruder Achmed nach Stunden und nahm sie mit sanfter Gewalt mit nach Hause. Seitdem hat sie niemand mehr gesehen. Ob die Familie sie versteckt oder sie sich zurückgezogen hat, weiß keiner so genau."

„Das sieht ganz nach einer Vergewaltigung aus", empört sich Renner und seine Augen suchen bei den anderen Bestätigung: Zustimmung von allen Seiten!

„Das Ganze ist jetzt zwei Jahre her", fährt Feminenz fort, „und würde heute keine einzige Schlagzeile mehr bringen. Wenn, ja, wenn es da nicht den Zwischenfall auf Achmeds Superparty gegeben hätte."

„Was für einen Zwischenfall?" Alle werden langsam nervös. Der Fall kompliziert sich immer mehr.

Feminenz beruhigt den Tumult: „Das ist schnell gesagt: Achmed hatte nach einem gelungenen Geschäftsjahr etwas zu feiern und muss die halbe Stadt eingeladen haben. Es ging so richtig zur Sache und der Alkohol floss in Strömen. Am nächsten Morgen gegen halb fünf fand man Amano erschlagen im Garten."

„Und du meinst, beide Fälle haben etwas miteinander zu tun?", fragt Prof skeptisch.

„Genau das müssen wir herausfinden. An die Arbeit!" Feminenz hält ihren Stift in die Höhe: „Wer möchte wohin? Ich höre!"

„Moment mal", protestiert Foodsi, „lass uns doch erst mal die Gedanken ordnen. Die Frau legt ein Tempo vor!"

Er schält sich umständlich eine Banane und geht zur Tafel. Die anderen folgen ihm, denn auch ihnen schwirren im Kopf Namen und Orte durcheinander.

Foodsi fängt sich als Erster: „Okay, ich würde mich gerne mal unter den Partygästen umsehen:

- Wer hat Amano zuletzt gesehen?
- Mit wem ist er gekommen?
- Hat er dort eigene Freunde getroffen?
- Hat jemand etwas Ungewöhnliches beobachtet? – Eben das Übliche."

Er greift nach der Bibel und lässt sich wieder in den Sessel fallen.

„Mich würde interessieren, ob auch der Jonas auf dieser Party war", ruft Renner Foodsi zu. „Der scheint mir keine unwichtige Rolle zu spielen. Außerdem weiß er unter Garantie, was an dem Tamara-Abend wirklich geschehen ist. Den nehme ich mir vor."

„Gut." Der Prof schließt seinen Gedankengang ab und verkündet: „Ich werde mich mal um das Verhältnis der beiden Brüder kümmern:

- Hat es der Vorfall mit Tamara verändert?
- Weiß Achmed was an dem Tamara-Abend geschehen ist?

- Deckt er vielleicht jemanden?
- Wie kommt Amano auf diese Party?
- Hat ihn sein Bruder eingeladen oder ist er von selbst gekommen? Und so weiter ..."

„Und wo ermittelt Pope?", Feminenz schaut ihn aufmunternd an.

„Ich werde mich mal sehr sensibel an das Fräulein Tamara heranmachen."

„Ho, ho, hört, hört", lästert die Runde.

„Wenn sie wirklich so abgeschottet ist, wird das nicht ohne Achmed gehen. Ihr braucht also keine Angst um mich zu haben", kontert der Pope. „Aber wenn sie wirklich vergewaltigt wurde, wieso hat niemand von der Familie Anzeige erstattet? Irgendetwas stinkt da ganz gewaltig."

Was dann geschieht, ist eher ungewöhnlich. Man blättert in der Bibel, man schreibt, aber bevor die Kerzen ausgebrannt sind, sitzt eine entspannte, zufriedene Gruppe da. Feminenz wundert sich etwas amüsiert: „Haben alle schon Ergebnisse?"

„Ja, da staunst du!"

Pope nutzt die Gelegenheit wieder einmal seinen Lieblingsspruch anzubringen: „B b! Bibel bildet! Mit den zwei Fällen hast du uns ja ziemlich verwirrt. Kompliment! Aber die Tatsache, dass es sich um die gleiche Familie wie im vorigen Fall handelt, hat es uns natürlich leichter gemacht. Die Familiensaga ist zwar umfangreich, aber man musste nicht in der ganzen Bibel suchen. Das spart Zeit."

„Also lasst hören", Feminenz ist ganz aufgeregt.

Der Pope, einmal im Schwung, redet gleich weiter: „Also meiner Meinung nach haben wir es mit zwei Fällen zu tun. Der Krankenbesuch von Tamara bei ihrem Bruder hatte furchtbare Folgen. Sie wurde vergewaltigt. Der Täterkreis ist eindeutig nur auf zwei Leute begrenzt, auf Jonas und ihren Bruder oder beide, was noch schlimmer wäre."

Renner trommelt nervös auf seinem Fahrradhelm herum: „Wenn ich mal kurz eingreifen könnte: Über Jonas habe ich herausbekommen, dass Amano in seiner Schwester schon immer weit mehr als eine Schwester gesehen hat. Er war in sie verliebt, besser gesagt, ganz verrückt nach ihr. Jonas hat als Anstandswauwau das ganze Spiel mitgespielt, sonst wäre der Skandal schon längst auf allen Titelseiten gewesen. Deshalb glaube ich kaum, dass Jonas sich an Tamara vergriffen hat. Das hätte er seinem Busenfreund nicht zugemutet.

Allerdings machte Jonas so eine Bemerkung, als ob Amano gar nicht wirklich krank war. Die beiden haben diesen Plan ausgeheckt, um Tamara ins Haus zu locken."

Renner schaut den Popen an: „Wenn Tamara keine Anzeige erstattet hat, bedeutet das, das sie entweder daran gehindert wurde oder dass sie selbst jemanden schützen will."

„Richtig", der Pope schnauft wütend. „Achmed hat auf alle Fälle Bescheid gewusst, wahrscheinlich sogar die ganze Familie. Sie haben lieber Tamara über die Klinge springen lassen, als dass es einen handfesten Skandal gegeben hätte. Das hätte dem Ansehen der Familie und der Karriere des Herrn General den Rest gegeben."

Der Prof beißt schon die ganze Zeit auf dem Bügel seines neuen Brillengestells herum: „Das deckt sich auch mit meinen Ermittlungen. Das Verhältnis der beiden Brüder war absolut unauffällig, also ganz normal. Bis zu dem Tag, als Achmed seine Schwester in dem katastrophalen Zustand aufsammelte und in sein Haus nahm. Von da an lief nichts mehr.

Achmed hat alle Beziehungen abgebrochen. Sie hatten keinen Kontakt mehr, weder im Guten noch im Bösen. Da wird nun die Frage interessant, wie Amano auf Achmeds Party gekommen ist. Foodsi, du wolltest dich doch um die Partygäste kümmern?"

Foodsi nickt um Zeit zu gewinnen und schnell noch die letzten Erdnüsse zu zermalmen: „Alle Gäste sind nur auf Einladung gekommen. Das heißt: Achmed muss Amano eingeladen haben, aber es scheint so, als ob sie sich den ganzen Abend aus dem Weg gingen. Jonas oder andere persönliche Freunde von Amano dürften nicht da gewesen sein, denn Amano hing den ganzen Abend mit einer Gruppe junger Leute ab, die eindeutig zu Achmed gehörten. Sonst hätte er sich doch mit seinen eigenen Freunden umgeben. Dafür konnten sich alle an diese Klicke erinnern.

Sie waren sehr laut, hatten viel zu viel getrunken und sind alle zusammen am frühen Morgen weg, um die Nacht noch ausklingen zu lassen – was immer das heißen mag. Sie dürften auch die Letzten gewesen sein, die Amano lebend gesehen haben."

„Oder die Ersten, die ihn tot gesehen haben", platzt der Prof dazwischen und schiebt seine Brille in Position, um noch wichtiger gucken zu können.

„Das meinst du nicht wirklich, oder?", Foodsi klingt verunsichert. „Aber warum sollten die ... Wo ist das Motiv, wenn sie sich erst an diesem Abend kennen gelernt haben?"

Der Prof holt den letzten Joker aus dem Ärmel: „Was haltet ihr von Achmeds später Rache? Vielleicht hatte sich die Klicke um Amano gar nicht zufällig gebildet?"

Feminenz steht mit Schwung auf und legt jedem seinen roten Zettel hin: „Das ist ein guter Zeitpunkt, um nachzudenken und zu entscheiden, sagen wir bis morgen in der Schule!"

☛ Wenn unsere Leser mit der Aufklärung schneller sein wollen, sollten sie auf den Seiten 74-75 nachschlagen.
[2 Sam 13,1-29]

⊙ ⊙ ⊙

Am Montag in der Schule gab es allerseits ein souveränes Schulterklopfen, denn, wie schon vermutet, waren alle auf der richtigen Fährte gewesen.

„Also", beginnt Renner, „diese Art von Bibelarbeit fängt an, mir richtig Spaß zu machen. Wann geht es weiter?"

Feminenz zupft das zehnte Mal an ihrem neuen Rock, enttäuscht, dass ihn keiner bemerkt hat und fragt: „Ja, gibt es denn noch andere Fälle?"

„Ha, ha, ha, ha", lacht Pope affektiert, „die ganze Bibel ist ein Krimi. Da können wir noch ermitteln bis wir alle Enkelkinder haben."

„Na, dann mach mal. Leg was vor!"

„Meiner Meinung nach ist der Professor jetzt an der Reihe", grinst Pope und schaut ihn provozierend an. Der Prof nimmt umständlich sein Brillenputztuch aus der Hosentasche und beginnt mit Hingabe seine Brille zu putzen. Nachdem er sie wieder auf der Nase hat, schaut er den Popen überlegen an: „Glaubst du, dass du der einzige bist, der in der Bibel liest? Ich habe meinen Fall! Wann wollen wir?"

„Egal, aber auf alle Fälle um sechs im Keller", lautet die übereinstimmende Antwort.

Es dauerte keine drei Tage, da fanden sich alle fünf wieder im Keller ein, hochgespannt was der Prof zu bieten hatte. Pope kommt als Letzter, macht die Tür auf und ruft gleichzeitig: „Na Prof, was haben wir denn heute. Pack mal aus, du Bibelleser."

Er kann er also entweder kaum erwarten – oder er hat Angst um sein Image als Bibelkenner. Prof reagiert ganz gelassen: „Nun nimm die Luft raus und setz dich erst mal hin." Wie immer ist alles vorbereitet und Prof geht mit langsamen Schritten zur Tafel.

DER FÜNFTE FALL: HAUPTKOMMISSAR PROFESSOR
TERRORANSCHLAG MIT GEISELNAHME

„Wir haben einen Terroranschlag mit Geiselnahme. Das wird nicht einfach!" Renner pfeift durch die Zähne und Foodsi hört vor Schreck auf zu kauen. Nur Pope reibt sich die Hände: „Ein Fall mit internationalen Verwicklungen. Wow! Wir steigern uns langsam."

Das erste Klick und der Prof beginnt: „Wir haben es mit einer Terrororganisation namens Nebukat zu tun. Wer oder was sich dahinter verbirgt, wird herauszufinden sein. In der letzten Zeit hat sie schon mehrmals Anschläge im Nahen Osten verübt. Über ihre wirklichen Gründe und Ziele kann man bisher nur spekulieren. Auf alle Fälle geht es, wie fast immer in der Politik, um Macht und viel Geld. Möglicherweise spielen auch religiöse Gründe hinein. Ihr kennt das Modell: Nur wir haben den einzig wahren Gott und deshalb führen wir einen heiligen Krieg."

Klick! „Der letzte Anschlag galt der Stadt Salem in Israel. Dort lebt eine religiöse Minderheit, mit einer festen Staatsform und mit ihrem einzigartigen Kult. Die Terroristen belagern diese Stadt seit länger als einem Jahr. Alle Ausfahrtstraßen sind gesperrt, das ganze Gebiet ist abgeriegelt, keine Maus kann weder hinein noch hinaus. Es grenzt an ein Wunder, dass sie überhaupt so lange ihren Widerstand aufrechthalten konnten.

Als klar war, dass sie am Ende sind, wollte sich der Staatschef Zid Kija in einer Nacht-und-Nebel-Aktion mit seiner Familie und einem Teil seiner Getreuen ins Ausland absetzen. Das scheint nur mäßig geglückt zu sein, denn man fand ihre Leichen in der Nähe von Ribal. Das ist schon in Syrien. Offensichtlich hatten dort die Nebukat einen Stützpunkt, der inzwischen verlassen war. Zid Kija war allerdings nicht unter den Toten.

Und nun kommt es! Nachdem der Staatschef und die Großen der Regierung ausgeschaltet waren, haben die Terroristen großflächig zugeschlagen. Sie haben jede Menge Geiseln genommen und Salem dem Erdboden gleich gemacht. Dabei haben sie gleich noch alle Kunstschätze und was es sonst noch Wertvolles gab, mitgehen lassen. Bisher gibt es keinen Hinweis darauf, wohin man die Geiseln gebracht hat und wo sich die Nebukat versteckt halten. Es wird nicht ausgeschlossen, dass sich die Kernzelle im Irak befindet.

Unsere Aufgabe wird sein herauszufinden, wer oder was sich hinter der Organisation Nebukat verbirgt. Wer sind ihre Hintermänner und was verfolgen sie für Ziele? Zweitens: Wer sind die Geiseln und was ist mit ihnen passiert? Wo befindet sich Zid Kija, lebt er noch? Wohin hat man die Geiseln gebracht und sind sie überhaupt noch am Leben?

Prof macht eine Pause und schaut erwartungsvoll in die Runde: „Was ist los mit euch? Keine Zwischenrufe, keine Fragen. Hat es euch die Sprache verschlagen?"

Renner reagiert wie immer als Erster und schlägt sich auf die Schenkel: „Ich fass' es nicht! Unter der großen Weltpolitik tust du es nicht, was?

Feminenz atmet tief durch und fragt ganz vorsichtig: „Und du bist dir ganz sicher, dass du dir das alles nicht nur ausgedacht hast?"

„Ganz sicher. Soll ich euch noch eine kleine Hilfe geben?" Prof lächelt milde.

„Kommt überhaupt nicht in Frage", empört sich Pope! Er schnappt nach der Bibel, als ob sie ihm jemand wegnehmen würde. Feminenz zieht die Schultern hoch, als ob sie sagen wollte: „Keine Ahnung, was heute mit ihm los ist?" Sie greift zur nächsten Bibel und wiegt sie unschlüssig in den Händen hin und her: „Ich gebe zu, dass ich mich etwas überfordert fühle. Aber wenn ich mich erinnern kann, gibt es ja in der Bibel ein Personenregister. Ich biete meine Zuarbeit an und ermittle die Personen, die in unseren Fall verwickelt sind."

Renner blinkert sie an: "Gute Idee. Dann nehme ich mir das Ortsregister vor."

Pope steht auf, nimmt den großen Bogen Papier von der Wand und legt ihn auf die Erde: "Wir brauchen heute eine neue Strategie. Die Informationen müssen schneller fließen. Wenn wir Orte und Personen haben, bleiben Geiseln und Terroristen übrig. Das übernehmen Foodsi und ich. Jeder der etwas hat, schreibt es gleich auf das Blatt."

Er winkt alle heran und man legt sich um den Bogen auf die Erde. Prof nickt voll Bewunderung und hängt statt des Blattes eine Weltkarte an die Wand.

Danach hört man für lange Zeit nichts mehr. Der Bogen füllt sich Stück für Stück, die Kerzen werden kleiner. Prof umschleicht die Gruppe, um schon mal einen Blick auf das Blatt zu werfen und scheint zufrieden. Nach einer kurzen Diskussion in der Gruppe werfen alle ihre Stifte hin.

Foodsi wälzt sich auf den Rücken und beginnt lauthals zu lachen: "Also entweder haben wir es – oder wir haben uns total vergaloppiert. Heute ist alles möglich."

"Ich höre!" Prof setzt sich in Positur.

Pope legt den Bogen so, dass alle lesen können und beginnt: "Fangen wir mit den Bewohnern der Stadt Salem an. Zid Kija war als Staatschef eine echte Flasche. Was man übrigens auch von seinem Vorgänger Jo Jakim behauptet. Also Kija hat keine Möglichkeit gesucht, um mit den Terroristen zu verhandeln. Im Gegenteil, er soll sie noch provoziert haben. Das zeigt auch der Fluchtversuch. Die Gruppe ist keine 25 Kilometer weit gekommen. Dass man ihn nicht mit den anderen ermordet hat, lässt nur einen Schluss zu: Man hat noch Schlimmeres mit ihm vor.

Die Geiseln sind keinesfalls zufällig ausgewählt. Sie stammen ausschließlich aus der Führungsschicht: Beamte, Akademiker, Wissenschaftler, Priester und ein paar hochkarätige Handwerker. Zurückgeblieben sind die Armen. Was sagt uns das? Man wollte der Bevölkerung jede Lebensgrundlage entziehen. Das zeigt auch die völlige Zerstörung der wichtigen Gebäude und ihres religiösen Heiligtums. Unserer Meinung nach könnte das Ganze ein Racheakt sein."

Und jetzt macht Foodsi weiter. „Ja, ich habe, wie schon gesagt, auf der Gegenseite ermittelt. Die Spur der Terroristen verliert sich in Ribal, wie wir schon vom Prof wissen. Aber dort kann nicht das Hauptquartier sein, denn sonst hätten die Terroristen nicht alles stehen und liegen gelassen, sogar die Leichen. Es deutet alles darauf hin, daß sie sich wirklich in Richtung Irak bewegt haben. Die Nebukat sind dort bekannt.

Der Kopf der Organisation soll ebenfalls ein Iraker sein, ein gewisser Nebu Kadnez. Man vermutet, dass es nicht eine einzige Kommandozentrale gibt, sondern dass sich die Mitglieder auf mehrere Orte aufteilen. Diese Verstecke sind zwar unbekannt, sollen aber alle in der näheren Umgebung von Bagdad liegen. Mit ziemlicher Sicherheit sind auch die Geiseln dorthin gebracht worden. Die gezielte Auswahl der Geiseln lässt vermuten, dass sie noch am Leben sind. Wenn sie die Absicht gehabt hätten, die Geiseln nur umzubringen, hätte es ihnen egal sein können, wen sie nehmen.

Es sind ja auch keinerlei Forderungen gestellt worden, die zur Freilassung der Geiseln führen könnten. Es sieht gerade so aus, als ob man sie gar nicht freilassen will. Das wiederum lässt zwei Schlüsse zu: Entweder will man diese intelligenten Leute für die eigene Organisation arbeiten lassen, oder es soll Salem ein für alle Male ausgelöscht werden. So, das war es von uns."

„Da wir heute alle mit offenen Karten gespielt haben, gibt es auch nur einen roten Zettel. Alles oder nichts!" Pope steht auf und legt ihn feierlich dem Prof hin. Feminenz quält sich von der Erde hoch, lässt sich in einen Sessel fallen und stöhnt: „Ich bin erschöpft."

„Und ich brauche etwas zu trinken", ergänzt Renner. Foodsi blickt suchend auf dem Tisch herum und jam-

mert: „Haben wir gar nichts mehr zu essen? Ich bin am Verhungern."
Nur Pope blickt wie gebannt auf den Prof und wartet.
Der steckt den Zettel ein und sagt: „Alle Achtung! Ich hätte gedacht, dass ich euch mit dem Fall zur Verzweiflung bringe! Aber eure Strategie war genial. Ihr könnt ja heute Nacht noch telefonieren, falls jemandem noch etwas einfällt. Ich melde mich morgen früh mit dem Ergebnis."

☛ Und wer es, wie immer, gleich wissen will, suche bitte auf den Seiten 75-77 nach dem entscheidenden Hinweis zur Aufklärung. [Jer 52]

⊙ ⊙ ⊙

Inzwischen hat der November voll zugeschlagen. Nebel, Nieselregen und nasses Laub machen den Schulhof zu einem recht unattraktiven Platz für Diskussionen. So drängt man sich am Heizkörper im Schulflur zusammen und schüttelt sich die Nässe aus allen Ritzen. Nur Prof lässt auf sich warten, was die Stimmung der anderen nicht gerade steigen lässt: „Wo bleibt der nur? Es klingelt gleich! Und wann feiern wir dann?"

In diesem Moment biegt der pudelnasse Prof um die Ecke und lässt lautstark einen Fluch auf das Wetter los.

„Guten Morgen", kontert Feminenz mit übertriebener Höflichkeit. „Hatten der Herr Professor einen nassen Schulweg? Ach, das tut uns aber leid."

„Oder vielleicht eine unruhige Nacht wegen eines nicht gelösten Kriminalfalls?" Pope muss noch eins drauf geben.

Prof knurrt „Blödköpfe" und zieht aus der hinteren Hosentasche den total durchgeweichten roten Zettel hervor und patscht ihn auf die Fensterbank: „Na was denn? Sieg auf der ganzen Linie. Ich kann mich doch auf mein Team verlassen!" Dabei grinst er dermaßen überheblich, als ob es ganz allein sein Verdienst wäre. Den Protest der anderen verhindert das Klingeln. In der nächsten Pause stehen alle wieder am gleichen Fenster.

„So sieht eine wortlose Verabredung aus", denkt Pope. Prof schiebt seine Brille hoch und schaut die anderen lauernd an: „Wisst ihr eigentlich, wer euch das Ding gerettet hat? Es war nämlich wirklich nicht einfach. Das war Feminenz!"

„Was ich? Ich hab doch von vornherein gesagt, dass das Ding eine Nummer zu groß für mich ist!"

... weiter auf Seite 91

DIE BIBEL
Einheitsübersetzung

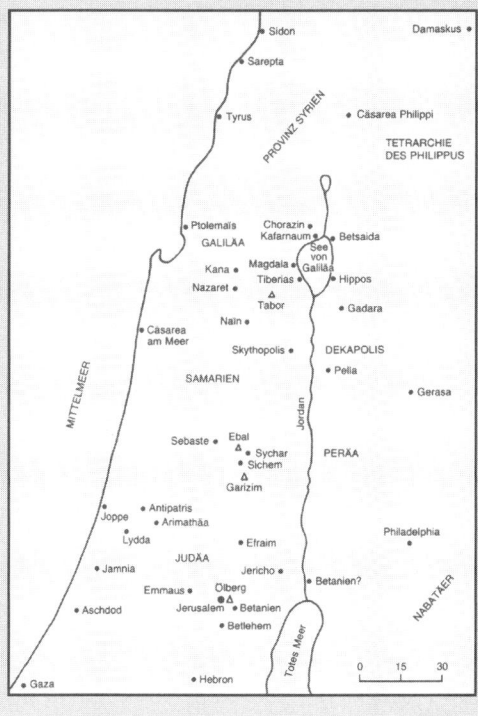

AUSGEWÄHLTE TEXTE AUS DEM ALTEN UND NEUEN TESTAMENT

ERSTER FALL

📖 Ex 2,1-22

Die Jugend des Mose: 2,1-14

2 Ein Mann aus einer levitischen Familie ging hin und nahm eine Frau aus dem gleichen Stamm. ² Sie wurde schwanger und gebar einen Sohn. Weil sie sah, dass es ein schönes Kind war, verbarg sie es drei Monate lang. ³ Als sie es nicht mehr verborgen halten konnte, nahm sie ein Binsenkästchen, dichtete es mit Pech und Teer ab, legte den Knaben hinein und setzte ihn am Nilufer im Schilf aus. ⁴ Seine Schwester blieb in der Nähe stehen, um zu sehen, was mit ihm geschehen würde.

⁵ Die Tochter des Pharao kam herab, um im Nil zu baden. Ihre Dienerinnen gingen unterdessen am Nilufer auf und ab. Auf einmal sah sie im Schilf das Kästchen und ließ es durch ihre Magd holen. ⁶ Als sie es öffnete und hineinsah, lag ein weinendes Kind darin. Sie bekam Mitleid mit ihm und sie sagte: Das ist ein Hebräerkind. ⁷ Da sagte seine Schwester zur Tochter des Pharao: Soll ich zu den Hebräerinnen gehen und dir eine Amme rufen, damit sie dir das Kind stillt? ⁸ Die Tochter des Pharao antwortete ihr: Ja, geh! Das Mädchen ging und rief die Mutter des Knaben herbei. ⁹ Die Tochter des Pharao sagte zu ihr: Nimm das Kind mit und still es mir! Ich werde dich dafür entlohnen. Die Frau nahm das Kind zu sich und stillte es. ¹⁰ Als der Knabe größer geworden war, brachte sie ihn der Tochter des Pharao. Diese nahm ihn als Sohn an, nannte ihn Mose und sagte: Ich habe ihn aus dem Wasser gezogen.

¹¹ Die Jahre vergingen und Mose wuchs heran. Eines Tages ging er zu seinen Brüdern hinaus und schaute ihnen bei der Fronarbeit zu. Da sah er, wie ein Ägypter einen Hebräer schlug, einen seiner Stammesbrüder. ¹² Mose sah sich nach allen Seiten um, und als er sah, dass sonst niemand da war, erschlug er den Ägypter und verscharrte ihn im Sand.

¹³ Als er am nächsten Tag wieder hinausging, sah er zwei Hebräer miteinander streiten. Er sagte zu dem, der im Unrecht war: Warum schlägst du deinen Stammesgenossen? ¹⁴ Der Mann erwiderte: Wer hat dich zum Aufseher und Schiedsrichter über uns bestellt? Meinst du, du könntest mich umbringen, wie du den Ägypter umgebracht hast? Da bekam Mose Angst und sagte: Die Sache ist also bekannt geworden.

Mose in Midian: 2,15-22

¹⁵ Der Pharao hörte von diesem Vorfall und wollte Mose töten; Mose aber entkam ihm. Er wollte in Midian bleiben und setzte sich an einen Brunnen. ¹⁶ Der Priester von Midian hatte sieben Töchter. Sie kamen zum Wasserschöpfen und wollten die Tröge füllen, um die Schafe und Ziegen ihres Vaters zu tränken. ¹⁷ Doch die Hirten kamen und wollten sie verdrängen. Da stand Mose auf, kam ihnen zu Hilfe und tränkte ihre Schafe und Ziegen. ¹⁸ Als sie zu ihrem Vater Reguël zurückkehrten, fragte er: Warum seid ihr heute so schnell wieder da? ¹⁹ Sie erzählten: Ein Ägypter hat uns gegen die Hirten verteidigt; er hat uns sogar Wasser geschöpft und das Vieh getränkt. ²⁰ Da fragte Reguël seine

Töchter: Wo ist er? Warum habt ihr ihn dort gelassen? Holt ihn und ladet ihn zum Essen ein! ²¹ Mose entschloss sich, bei dem Mann zu bleiben, und dieser gab seine Tochter Zippora Mose zur Frau. ²² Als sie einen Sohn gebar, nannte er ihn Gerschom (Ödgast) und sagte: Gast bin ich in fremdem Land.

📖 Gen 27,1-45

Der Erstgeburtssegen: 27,1-40

27 Als Isaak alt geworden und seine Augen erloschen waren, sodass er nicht mehr sehen konnte, rief er seinen älteren Sohn Esau und sagte zu ihm: Mein Sohn! Er antwortete: Hier bin ich. ² Da sagte Isaak: Du siehst, ich bin alt geworden. Ich weiß nicht, wann ich sterbe. ³ Nimm jetzt dein Jagdgerät, deinen Köcher und deinen Bogen, geh aufs Feld und jag mir ein Wild! ⁴ Bereite mir dann ein leckeres Mahl, wie ich es gern mag, und bring es mir zum Essen, damit ich dich segne, bevor ich sterbe.

⁵ Rebekka hatte das Gespräch zwischen Isaak und seinem Sohn Esau mit angehört. Als Esau zur Jagd aufs Feld gegangen war, um ein Wild herbeizuschaffen, ⁶ sagte Rebekka zu ihrem Sohn Jakob: Ich habe gehört, wie dein Vater zu deinem Bruder Esau gesagt hat: ⁷ Hol mir ein Wild und bereite mir ein leckeres Mahl zum Essen; dann will ich dich vor dem Herrn segnen, bevor ich sterbe. ⁸ Nun hör genau zu, mein Sohn, was ich dir auftrage: ⁹ Geh zur Herde und bring mir von dort zwei schöne Ziegenböckchen! Ich will damit ein leckeres Mahl für deinen Vater zubereiten, wie er es gern mag. ¹⁰ Du bringst es dann deinem Vater zum Essen, damit er dich vor seinem Tod segnet. ¹¹ Jakob antwortete seiner Mutter Rebekka: Mein Bruder Esau ist aber behaart und ich habe eine glatte Haut. ¹² Vielleicht betastet mich mein Vater; dann könnte er meinen, ich hielte ihn zum Besten, und ich brächte Fluch über mich statt Segen. ¹³ Seine Mutter entgegnete: Dein Fluch komme auf mich, mein Sohn. Hör auf mich, geh und hol mir die Böckchen! ¹⁴ Da ging er hin, holte sie und brachte sie seiner Mutter. Sie bereitete ein leckeres Mahl zu, wie es sein Vater gern mochte. ¹⁵ Dann holte Rebekka die Feiertagskleider ihres älteren Sohnes Esau, die sie bei sich im Haus hatte, und zog sie ihrem jüngeren Sohn Jakob an. ¹⁶ Die Felle der Ziegenböckchen legte sie um seine Hände und um seinen glatten Hals. ¹⁷ Dann übergab sie das leckere Essen und das Brot, das sie zubereitet hatte, ihrem Sohn Jakob.

¹⁸ Er ging zu seinem Vater hinein und sagte: Mein Vater! Ja, antwortete er, wer bist du, mein Sohn? ¹⁹ Jakob entgegnete seinem Vater: Ich bin Esau, dein Erstgeborener. Ich habe getan, wie du mir gesagt hast. Setz dich auf, iss von meinem Wildbret und dann segne mich! ²⁰ Da sagte Isaak zu seinem Sohn: Wie hast du nur so schnell etwas finden können, mein Sohn? Er antwortete: Der Herr, dein Gott, hat es mir entgegenlaufen lassen. ²¹ Da sagte Isaak zu Jakob: Komm näher heran! Ich will dich betasten, mein Sohn, ob du wirklich mein Sohn Esau bist oder nicht. ²² Jakob trat zu seinem Vater Isaak hin. Isaak betastete

ihn und sagte: Die Stimme ist zwar Jakobs Stimme, die Hände aber sind Esaus Hände. ²³ Er erkannte ihn nicht, denn Jakobs Hände waren behaart wie die seines Bruders Esau, und so segnete er ihn. ²⁴ Er fragte: Bist du es, mein Sohn Esau? Ja, entgegnete er. ²⁵ Da sagte Isaak: Bring es mir! Ich will von dem Wildbret meines Sohnes essen und dich dann segnen. Jakob brachte es ihm und Isaak aß. Dann reichte er ihm auch Wein und Isaak trank. ²⁶ Nun sagte sein Vater Isaak zu ihm: Komm näher und küss mich, mein Sohn! ²⁷ Er trat näher und küsste ihn. Isaak roch den Duft seiner Kleider, er segnete ihn und sagte:

Ja, mein Sohn duftet wie das Feld, / das der Herr gesegnet hat.

²⁸ Gott gebe dir vom Tau des Himmels, / vom Fett der Erde, viel Korn und Most.

²⁹ Dienen sollen dir die Völker, / Stämme sich vor dir niederwerfen, / Herr sollst du über deine Brüder sein. / Die Söhne deiner Mutter sollen dir huldigen. / Verflucht, wer dich verflucht. / Gesegnet, wer dich segnet.

³⁰ Kaum hatte Isaak Jakob gesegnet und war Jakob von seinem Vater Isaak weggegangen, da kam sein Bruder Esau von der Jagd. ³¹ Auch er bereitete ein leckeres Mahl, brachte es seinem Vater und sagte zu ihm: Mein Vater richte sich auf und esse von dem Wildbret seines Sohnes, damit du mich dann segnest. ³² Da fragte ihn sein Vater Isaak: Wer bist du? Er antwortete: Ich bin dein Sohn Esau, dein Erstgeborener. ³³ Da überkam Isaak ein heftiges Zittern und fragte: Wer war es denn, der das Wildbret gejagt und es mir gebracht hat? Ich habe von allem gegessen, bevor du gekommen bist, und ich habe ihn gesegnet; gesegnet wird er auch bleiben. ³⁴ Als Esau die Worte seines Vaters hörte, schrie er heftig auf, aufs Äußerste verbittert, und sagte zu seinem Vater: Segne auch mich, Vater! ³⁵ Er entgegnete: Dein Bruder ist mit List gekommen und hat dir den Segen weggenommen. ³⁶ Da sagte Esau: Hat man ihn nicht Jakob (Betrüger) genannt? Er hat mich jetzt schon zweimal betrogen: Mein Erstgeburtsrecht hat er mir genommen, jetzt nimmt er mir auch noch den Segen. Dann sagte er: Hast du mir keinen Segen aufgehoben? ³⁷ Isaak antwortete und sagte zu Esau: Ich habe ihn zum Herrn über dich gemacht und alle seine Brüder habe ich ihm als Knechte gegeben. Auch mit Korn und Most habe ich ihn versorgt. Was kann ich da noch für dich tun, mein Sohn? ³⁸ Da sagte Esau zu seinem Vater: Hattest du denn nur einen einzigen Segen, Vater? Segne auch mich, Vater! Und Esau begann laut zu weinen. ³⁹ Sein Vater Isaak antwortete ihm und sprach:

Fern vom Fett der Erde musst du wohnen, / fern vom Tau des Himmels droben.

⁴⁰ Von deinem Schwert wirst du leben. / Deinem Bruder wirst du dienen. / Doch hältst du durch, so streifst du ab / sein Joch von deinem Nacken.

Jakobs Flucht nach Haran: 27,41-45

⁴¹ Esau war dem Jakob Feind wegen des Segens, mit dem ihn sein Vater gesegnet hatte, und Esau sagte: Es nähern sich die Tage der Trauer um meinen Vater; dann werde ich meinen Bruder Jakob umbringen. ⁴² Als man Rebekka hinterbrachte, was ihr ältester Sohn Esau gesagt hatte, ließ sie Jakob,

ihren jüngeren Sohn, rufen und sagte zu ihm: Dein Bruder Esau will sich an dir rächen und dich töten. [43] Nun aber, mein Sohn, hör auf mich! Mach dich auf und flieh zu meinem Bruder Laban nach Haran! [44] Bleib einige Zeit bei ihm, bis sich der Groll deines Bruders gelegt hat. [45] Wenn der Zorn deines Bruders von dir abgelassen und er vergessen hat, was du ihm angetan hast, werde ich dich von dort holen lassen. Warum soll ich euch beide an einem Tag verlieren?

2 Sam 11,1-27

David und Batseba: 11,1-27

11 Um die Jahreswende, zu der Zeit, in der die Könige in den Krieg ziehen, schickte David den Joab mit seinen Männern und ganz Israel aus und sie verwüsteten das Land der Ammoniter und belagerten Rabba. David selbst aber blieb in Jerusalem.

[2] Als David einmal zur Abendzeit von seinem Lager aufstand und auf dem Flachdach des Königspalastes hin- und herging, sah er von dort aus eine Frau, die badete. Die Frau war sehr schön anzusehen. [3] David schickte jemand hin und erkundigte sich nach ihr. Man sagte ihm: Das ist Batseba, die Tochter Ammiëls, die Frau des Hetiters Urija. [4] Darauf schickte David Boten zu ihr und ließ sie holen; sie kam zu ihm, und er schlief mit ihr – sie hatte sich gerade von ihrer Unreinheit gereinigt. Dann kehrte sie in ihr Haus zurück. [5] Die Frau war aber schwanger geworden und schickte deshalb zu David und ließ ihm mitteilen: Ich bin schwanger.

[6] Darauf sandte David einen Boten zu Joab (und ließ ihm sagen): Schick den Hetiter Urija zu mir! Und Joab schickte Urija zu David. [7] Als Urija zu ihm kam, fragte David, ob es Joab und dem Volk gut gehe und wie es mit dem Kampf stehe. [8] Dann sagte er zu Urija: Geh in dein Haus hinab und wasch dir die Füße! Urija verließ das Haus des Königs und es wurde ihm ein Geschenk des Königs nachgetragen. [9] Urija aber legte sich am Tor des Königshauses bei den Knechten seines Herrn nieder und ging nicht in sein Haus hinab. [10] Man berichtete David: Urija ist nicht in sein Haus hinabgegangen. Darauf sagte David zu Urija: Bist du nicht gerade von einer Reise gekommen? Warum bist du nicht in dein Haus hinuntergegangen? [11] Urija antwortete David: Die Lade und Israel und Juda wohnen in Hütten und mein Herr Joab und die Knechte meines Herrn lagern auf freiem Feld; da soll ich in mein Haus gehen, um zu essen und zu trinken und bei meiner Frau zu liegen? So wahr du lebst und so wahr deine Seele lebt, das werde ich nicht tun. [12] Darauf sagte David zu Urija: Bleib auch heute noch hier; morgen werde ich dich wegschicken. So blieb Urija an jenem Tag in Jerusalem. Am folgenden Tag [13] lud David ihn ein, bei ihm zu essen und zu trinken, und machte ihn betrunken. Am Abend aber ging Urija weg, um sich wieder auf seinem Lager bei den Knechten seines Herrn niederzulegen; er ging nicht in sein Haus hinab.

DRITTER FALL

¹⁴ Am anderen Morgen schrieb David einen Brief an Joab und ließ ihn durch Urija überbringen. ¹⁵ Er schrieb in dem Brief: Stellt Urija nach vorn, wo der Kampf am heftigsten ist, dann zieht euch von ihm zurück, sodass er getroffen wird und den Tod findet. ¹⁶ Joab hatte die Stadt beobachtet und er stellte Urija an einen Platz, von dem er wusste, dass dort besonders tüchtige Krieger standen. ¹⁷ Als dann die Leute aus der Stadt einen Ausfall machten und gegen Joab kämpften, fielen einige vom Volk, das heißt von den Kriegern Davids; auch der Hetiter Urija fand den Tod. ¹⁸ Joab schickte (einen Boten) zu David und ließ ihm den Verlauf des Kampfes berichten. ¹⁹ Und er befahl dem Boten: Wenn du dem König alles über den Verlauf des Kampfes bis zu Ende berichtet hast ²⁰ und wenn dann der König in Zorn gerät und zu dir sagt: Warum seid ihr beim Kampf so nahe an die Stadt herangegangen? Habt ihr nicht gewusst, dass sie von der Mauer herabschießen? ²¹ Wer hat Abimelech, den Sohn Jerubbaals, erschlagen? Hat nicht eine Frau in Tebez einen Mühlstein von der Mauer auf ihn herabgeworfen, sodass er starb? Warum seid ihr so nahe an die Mauer herangegangen?, dann sollst du sagen: Auch dein Knecht, der Hetiter Urija, ist tot. ²² Der Bote ging fort, kam zu David und berichtete ihm alles, was Joab ihm aufgetragen hatte. ²³ Der Bote sagte zu David: Die Männer waren stärker als wir und waren gegen uns bis aufs freie Feld vorgedrungen; wir aber drängten sie bis zum Eingang des Tores zurück. ²⁴ Da schossen die Schützen von der Mauer herab auf deine Knechte, sodass einige von den Knechten des Königs starben; auch dein Knecht, der Hetiter Urija, ist tot. ²⁵ Da sagte David zu dem Boten: So sollst du zu Joab sagen: Betrachte die Sache nicht als so schlimm; denn das Schwert frisst bald hier, bald dort. Setz den Kampf gegen die Stadt mutig fort und zerstöre sie! So sollst du ihm Mut machen. ²⁶ Als die Frau Urijas hörte, dass ihr Mann Urija tot war, hielt sie für ihren Gemahl die Totenklage. ²⁷ Sobald die Trauerzeit vorüber war, ließ David sie zu sich in sein Haus holen. Sie wurde seine Frau und gebar ihm einen Sohn. Dem Herrn aber missfiel, was David getan hatte.

2 Sam 12,1-4

Gottes Strafe für David: 12,1-4

12 Darum schickte der Herr den Natan zu David; dieser ging zu David und sagte zu ihm: In einer Stadt lebten einst zwei Männer; der eine war reich, der andere arm. ² Der Reiche besaß sehr viele Schafe und Rinder, ³ der Arme aber besaß nichts außer einem einzigen kleinen Lamm, das er gekauft hatte. Er zog es auf und es wurde bei ihm zusammen mit seinen Kindern groß. Es aß von seinem Stück Brot und es trank aus seinem Becher, in seinem Schoß lag es und war für ihn wie eine Tochter. ⁴ Da kam ein Besucher zu dem reichen Mann und er brachte es nicht über sich, eines von seinen Schafen oder Rindern zu nehmen, um es für den zuzubereiten, der zu ihm gekommen war. Darum nahm er dem Armen das Lamm weg und bereitete es für den Mann zu, der zu ihm gekommen war.

VIERTER FALL

📖 2 Sam 13,1-29

Amnon und Tamar: 13,1-22

13 Danach geschah folgendes: Abschalom, der Sohn Davids, hatte eine schöne Schwester namens Tamar und Amnon, der Sohn Davids, verliebte sich in sie. ² Amnon war sehr bedrückt und wurde fast krank wegen seiner Schwester Tamar; denn sie war Jungfrau und es schien Amnon unmöglich, ihr etwas anzutun. ³ Nun hatte Amnon einen Freund namens Jonadab, einen Sohn des Schima, des Bruders Davids. Jonadab war ein sehr kluger Mann. ⁴ Er sagte zu Amnon: Warum bist du jeden Morgen so bedrückt, Sohn des Königs? Willst du es mir nicht erzählen? Amnon antwortete ihm: Ich liebe Tamar, die Schwester meines Bruders Abschalom. ⁵ Da sagte Jonadab zu ihm: Leg dich ins Bett und stell dich krank! Wenn dann dein Vater kommt, um nach dir zu sehen, sag zu ihm: Lass doch meine Schwester Tamar zu mir kommen und mir etwas zu essen machen; sie soll die Krankenkost vor meinen Augen zubereiten, sodass ich zusehen und aus ihrer Hand essen kann. ⁶ Amnon legte sich also hin und stellte sich krank. Als der König kam, um nach ihm zu sehen, sagte Amnon zum König: Meine Schwester Tamar möge doch zu mir kommen; sie soll mir vor meinen Augen zwei Kuchen backen und ich will die Krankenkost aus ihrer Hand essen. ⁷ David schickte jemand ins Haus der Tamar und ließ ihr sagen: Geh doch in das Haus deines Bruders Amnon und mach ihm etwas zu essen! ⁸ Tamar ging in das Haus ihres Bruders Amnon, der im Bett lag. Sie nahm Teig, knetete vor seinen Augen die Kuchen und backte sie. ⁹ Dann nahm sie die Pfanne und legte ihm (das Gericht) vor. Amnon aber wollte nichts essen, sondern sagte: Schickt alle hinaus! Als alle aus dem Zimmer hinausgegangen waren, ¹⁰ sagte Amnon zu Tamar: Bring das Essen in die (innere) Kammer, ich möchte sie aus deiner Hand essen. Tamar nahm die Kuchen, die sie zubereitet hatte, und brachte sie ihrem Bruder Amnon in die Kammer. ¹¹ Als sie ihm aber die Kuchen zum Essen reichte, griff er nach ihr und sagte zu ihr: Komm, leg dich zu mir, Schwester! ¹² Sie antwortete ihm: Nein, mein Bruder, entehre mich nicht! So etwas tut man in Israel nicht. Begeh keine solche Schandtat! ¹³ Wohin sollte ich denn in meiner Schande gehen? Du würdest als einer der niederträchtigsten Menschen in Israel dastehen. Rede doch mit dem König, er wird mich dir nicht verweigern. ¹⁴ Doch Amnon wollte nicht auf sie hören, sondern packte sie und zwang sie, mit ihr zu schlafen. ¹⁵ Hinterher aber empfand Amnon eine sehr große Abneigung gegen sie; ja, der Hass, mit dem er sie nun hasste, war größer als die Liebe, mit der er sie geliebt hatte. Amnon sagte zu ihr: Steh auf, geh weg! ¹⁶ Sie erwiderte ihm: Nicht doch! Wenn du mich wegschickst, wäre das ein noch größeres Unrecht als das, das du mir schon angetan hast. Er aber wollte nicht auf sie hören, ¹⁷ sondern rief den jungen Mann, der in seinen Diensten stand, und sagte: Bringt dieses Mädchen da von mir weg auf die Straße hinaus und schließt die Tür hinter ihr ab! ¹⁸ Sein Diener brachte sie hinaus und schloss die Tür hinter ihr zu. Sie hatte ein Ärmelkleid an; denn solche Obergewänder trugen die Königstöchter, solange sie Jungfrauen waren. [19] Tamar aber streute sich Asche auf das Haupt und zerriss das Ärmelkleid, das sie anhatte, sie legte ihre Hand auf den Kopf und ging schreiend weg. [20] Ihr Bruder Abschalom fragte sie: War dein Bruder Amnon mit dir zusammen? Sprich nicht darüber, meine Schwester, er ist ja dein Bruder. Nimm dir die Sache nicht so zu Herzen! Von da an lebte Tamar einsam im Haus ihres Bruders Abschalom. [21] Doch der König David erfuhr von der ganzen Sache und wurde darüber sehr zornig. [22] Abschalom aber redete nicht mehr mit Amnon, weder im Guten noch im Bösen; er hasste Amnon, weil dieser seine Schwester Tamar vergewaltigt hatte.

Abschaloms Rache an Amnon:
13,23-29

[23] Zwei Jahre später ließ Abschalom in Baal-Hazor, das bei Efraim liegt, seine Schafe scheren und lud alle Söhne des Königs ein. [24] Er ging zum König und sagte: Dein Knecht lässt gerade seine Schafe scheren. Der König möge doch samt seinen Dienern seinen Knecht dorthin begleiten. [25] Der König antwortete Abschalom: Nein, mein Sohn, wir können doch nicht alle kommen; wir wollen dir nicht zur Last fallen. Obwohl Abschalom ihn dringend bat, wollte er nicht mitgehen, sondern wollte ihn mit dem Segensgruß verabschieden. [26] Da sagte Abschalom: Kann nicht wenigstens mein Bruder Amnon mit uns gehen? Der König fragte ihn: Warum soll er mit dir gehen? [27] Abschalom aber drängte ihn

(noch mehr) und der König ließ Amnon und seine anderen Söhne mit ihm gehen. [28] Abschalom befahl seinen jungen Leuten: Gebt Acht: Wenn Amnon vom Wein guter Laune ist, werde ich zu euch sagen: Schlagt Amnon tot! Dann tötet ihn! Habt keine Angst! Ich selbst habe es euch ja befohlen. Seid mutig und tapfer! [29] Die jungen Leute Abschaloms machten mit Amnon, was ihnen Abschalom befohlen hatte. Da sprangen alle Söhne des Königs auf, stiegen auf ihre Maultiere und flohen.

Jer 52

Die Eroberung Jerusalems: 52,1-11

52 Zidkija war einundzwanzig Jahre alt, als er König wurde, und regierte elf Jahre in Jerusalem. Seine Mutter hieß Hamutal und war eine Tochter Jirmejas aus Libna. [2] Er tat, was dem Herrn missfiel, ganz so, wie es Jojakim getan hatte. [3] Weil der Herr zornig war, kam es mit Jerusalem und Juda so weit, dass er sie von seinem Angesicht verstieß.

Zidkija hatte sich gegen den König von Babel empört. [4] Im neunten Regierungsjahr Zidkijas, am zehnten Tag des zehnten Monats, rückte Nebukadnezzar, der König von Babel, mit seiner ganzen Streitmacht vor Jerusalem und belagerte es. Man errichtete ringsherum einen Belagerungswall. [5] Bis zum elften Jahr des Königs Zidkija wurde die Stadt belagert. ⁶ Am neunten Tag des vierten Monats war in der Stadt die Hungersnot groß geworden und die Bürger des Landes hatten kein Brot mehr. ⁷ Damals wurden Breschen in die Stadtmauer geschlagen. Als der König und alle Krieger das sahen, ergriffen sie die Flucht und verließen die Stadt bei Nacht auf dem Weg durch das Tor zwischen den beiden Mauern, das zum königlichen Garten hinausführt, obwohl die Chaldäer rings um die Stadt lagen. Sie schlugen die Richtung nach der Araba ein. ⁸ Aber die chaldäischen Truppen setzten dem König nach und holten Zidkija in den Niederungen von Jericho ein, nachdem alle seine Truppen ihn verlassen und sich zerstreut hatten. ⁹ Man ergriff den König und brachte ihn nach Ribla in der Landschaft Hamat zum König von Babel und dieser sprach über ihn das Urteil. ¹⁰ Der König von Babel ließ die Söhne Zidkijas vor dessen Augen niedermachen; auch alle Großen Judas ließ er in Ribla niedermachen. ¹¹ Zidkija ließ er blenden und in Fesseln legen. Der König von Babel brachte ihn nach Babel und hielt ihn in Haft bis zu seinem Tod.

Die Wegführung in die Verbannung:
52,12-30

¹² Am zehnten Tag des fünften Monats – das ist im neunzehnten Jahr des Königs Nebukadnezzar, des Königs von Babel – rückte Nebusaradan, der Kommandant der Leibwache, der zum engeren Dienst des Königs von Babel gehörte, in Jerusalem ein ¹³ und steckte das Haus des Herrn, den königlichen Palast und alle Häuser Jerusalems in Brand. Jedes große Haus ließ er in Flammen aufgehen. ¹⁴ Auch alle Umfassungsmauern Jerusalems rissen die chaldäischen Truppen, die dem Kommandanten der Leibwache unterstanden, nieder. ¹⁵ Den Rest der Bevölkerung, der noch in der Stadt geblieben war, sowie alle, die zum König von Babel übergelaufen waren, und den Rest der Handwerker schleppte Nebusaradan, der Kommandant der Leibwache, in die Verbannung. ¹⁶ Nur von den armen Leuten im Land ließ Nebusaradan, der Kommandant der Leibwache, einen Teil als Wein- und Ackerbauern zurück.

¹⁷ Die bronzenen Säulen am Haus des Herrn, die fahrbaren Gestelle und das Eherne Meer beim Haus des Herrn zerschlugen die Chaldäer und nahmen alle Gegenstände aus Bronze mit nach Babel. ¹⁸ Auch die Töpfe, Schaufeln, Messer, Schalen und Becher sowie alle bronzenen Geräte, die man beim Tempeldienst verwendete, nahmen sie weg. ¹⁹ Ebenso nahm der Kommandant der Leibwache die Becken, Kohlenpfannen, Schalen, Töpfe, Leuchter, Becher und Schüsseln weg, die sämtlich aus Gold oder aus Silber waren, ²⁰ ferner die zwei Säulen, das eine «Meer» [die zwölf bronzenen Rinder unter dem Meer], die Gestelle, die König Salomo für das Haus des Herrn hatte anfertigen lassen – die Bronze von all diesen Geräten war nicht zu wiegen. ²¹ Was die Säulen betrifft, so hatte jede Säule eine Höhe von achtzehn Ellen und ein Band von zwölf Ellen umschlang sie; ihre Dicke betrug vier Finger; innen war sie hohl. ²² Oben hatte sie ein Kapitell aus Bronze. Die Höhe des einen Kapitells betrug fünf Ellen; das Kapitell umgaben Flechtwerk und Granatäpfel, alles aus Bronze. Ebenso

war es bei der zweiten Säule [und den Granatäpfeln]. ²³ Es waren sechsundneunzig frei hängende Granatäpfel; im Ganzen waren hundert Granatäpfel rings um das Flechtwerk.

²⁴ Der Kommandant der Leibwache nahm ferner den Oberpriester Seraja, den zweiten Priester Zefanja und die drei Schwellenwächter mit. ²⁵ Aus der Stadt nahm er einen Hofbeamten, der Kommandant der Soldaten war, und sieben Leute vom persönlichen Dienst des Königs mit, die sich noch in der Stadt befanden, sowie den Schreiber des Heerführers, der die Bürger des Landes auszuheben hatte, schließlich sechzig Mann von der Bürgerschaft, die sich noch in der Stadt befanden. ²⁶ Nebusaradan, der Kommandant der Leibwache, nahm sie fest und schickte sie zum König von Babel nach Ribla. ²⁷ Der König von Babel ließ sie in Ribla in der Landschaft Hamat hinrichten. So wurde Juda von seiner Heimat weggeführt.

²⁸ Das ist die Anzahl der Leute, die Nebukadnezzar wegführen ließ: in seinem siebten Regierungsjahr 3023 Judäer, ²⁹ im achtzehnten Jahr Nebukadnezzars 832 Personen aus Jerusalem; ³⁰ im dreiundzwanzigsten Jahr Nebukadnezzars führte Nebusaradan, der Kommandant der Leibwache, an Judäern 745 Personen weg; im Ganzen waren es 4600 Personen.

Ausblick: die Begnadigung Jojachins: 52,31-34

³¹ Im siebenunddreißigsten Jahr nach der Wegführung Jojachins, des Königs von Juda, am fünfundzwanzigsten Tag des zwölften Monats, begnadigte Ewil-Merodach, der König von Babel, im Jahr seines Regierungsantritts Jojachin, den König von Juda, und entließ ihn aus dem Kerker. ³² Er söhnte sich mit ihm aus und wies ihm seinen Sitz oberhalb des Sitzes der anderen Könige an, die bei ihm in Babel waren. ³³ Er durfte seine Gefängniskleidung ablegen und ständig bei ihm speisen, solange er lebte. ³⁴ Sein Unterhalt - ein dauernder Unterhalt – wurde ihm bis zu seinem Todestag vom König von Babel in der bestimmten Menge täglich geliefert, solange er lebte.

Jdt 10-13

Judits Gang ins feindliche Lager: 10,1-19

10 Als sie ihr flehentliches Gebet zu dem Gott Israels beendet und alles gesagt hatte, ² stand sie auf, rief ihre Dienerin und stieg in das Haus hinab, wo sie sich am Sabbat und an den Festtagen aufzuhalten pflegte. ³ Dort legte sie das Bußgewand ab, das sie trug, zog ihre Witwenkleider aus, wusch ihren Körper mit Wasser und salbte sich mit einer wohlriechenden Salbe. Hierauf ordnete sie ihre Haare, setzte ein Diadem auf und zog die Festkleider an, die sie zu Lebzeiten ihres Gatten Manasse getragen hatte. ⁴ Auch zog sie Sandalen an, legte ihre Fußspangen, Armbänder, Fingerringe, Ohrgehänge und all ihren Schmuck an und machte sich schön, um die Blicke aller Männer, die sie sähen, auf sich zu ziehen. ⁵ Ihrer Dienerin gab sie einen

SECHSTER FALL

Schlauch Wein und ein Gefäß mit Öl; sie füllte einen Sack mit Gerstenmehl, getrockneten Feigen und reinen Broten, verpackte all diese Dinge sorgfältig und lud sie ihrer Dienerin auf. [6] Darauf gingen sie zum Stadttor von Betulia hinaus. Dort trafen sie Usija sowie Kabri und Karmi, die Ältesten der Stadt, auf ihrem Posten. [7] Als sie Judits verwandeltes Aussehen sahen und die Kleider, die sie angelegt hatte, kamen sie aus dem Staunen über ihre Schönheit nicht mehr heraus und sagten zu ihr: [8] Der Gott unserer Väter mache dich zu einem Werkzeug seiner Gnade und lasse dein Vorhaben gelingen, zum Ruhm Israels und zur Verherrlichung Jerusalems. [9] Sie aber neigte sich vor Gott im Gebet und sagte dann zu ihnen: Gebt Befehl, dass mir das Stadttor geöffnet wird; ich will hinausgehen und tun, was ihr mit mir besprochen habt. Da befahlen sie den jungen Männern, das Tor für sie zu öffnen, wie sie es gewünscht hatte. [10] Man öffnete das Tor und Judit ging mit ihrer Dienerin hinaus. Die Männer in der Stadt aber sahen ihr nach, bis sie den Berg hinabgestiegen und durch das Tal gegangen war und man sie nicht mehr sehen konnte.

[11] Als sie im Tal weitergingen, begegneten ihr assyrische Vorposten. [12] Sie hielten sie fest und fragten: Zu welchem Volk gehörst du? Woher kommst du und wohin gehst du? Sie antwortete: Ich gehöre zum Volk der Hebräer und laufe von ihnen fort, weil sie euch doch bald zum Fraß vorgeworfen werden. [13] Zu Holofernes, dem Oberbefehlshaber eures Heeres, gehen und ihm eine zuverlässige Nachricht bringen; ich will ihm zeigen, welchen Weg er einschlagen muss, um das ganze Bergland in seinen Besitz zu bringen, ohne dass dabei einer von seinen Leuten Leib und Leben verliert. [14] Als die Männer ihre Worte hörten und ihr Gesicht betrachteten, dessen Schönheit sie bezauberte, sagten sie: [15] Du hast dein Leben gerettet, weil du dich beeilt hast, von dort oben unserem Herrn entgegenzugehen. Komm jetzt zu seinem Zelt! Einige von uns werden dich begleiten und dich ihm übergeben. [16] Hab keine Angst, wenn du vor ihm stehst. Sag ihm, was du zu sagen hast, dann wird er dich gnädig behandeln. [17] Darauf wählten sie von ihren Leuten hundert Männer zum Geleit für Judit und ihre Dienerin aus; diese führten sie zum Zelt des Holofernes.

[18] Im ganzen Lager entstand eine große Unruhe; denn die Nachricht von Judits Ankunft hatte sich schon in den Zelten herumgesprochen. Die Leute eilten herbei und umringten sie, als sie vor dem Zelt des Holofernes stand, bis man sie ihm angemeldet hatte. [19] Sie bewunderten ihre Schönheit und übertrugen ihre Bewunderung auch auf die Israeliten. Einer sagte zum andern: Wer kann dieses Volk verachten, das solche Frauen in seiner Mitte hat? Es wäre nicht klug, auch nur einen einzigen Mann von ihnen übrig zu lassen; wenn man sie laufen lässt, sind sie imstande, noch die ganze Welt zu überlisten.

Die Begegnung mit Holofernes: 10,20-23

[20] Schließlich kamen die Leibwächter des Holofernes und sein ganzes Gefolge heraus und führten sie in das Zelt. [21] Holofernes lag auf seinem Lager unter einem Mückennetz aus Pur-

pur und Gold, in das Smaragde und andere Edelsteine eingewebt waren. ²² Als man ihm Judit anmeldete, trat er in den Vorraum des Zeltes hinaus, wobei ihm silberne Leuchter vorangetragen wurden. ²³ Sobald er und sein Gefolge Judit erblickten, gerieten sie alle in Erstaunen über die Schönheit ihres Gesichts. Sie warf sich vor ihm nieder und huldigte ihm, doch seine Diener richteten sie wieder auf.

Das Gespräch des Holofernes mit Judit: 11,1-23

11 Holofernes sagte zu ihr: Nur Mut, Frau, fürchte dich nicht! Ich habe noch keinem Menschen etwas zuleid getan, der sich für den Dienst Nebukadnezzars, des Königs der ganzen Erde, entschieden hat. ² Ich hätte auch jetzt gegen dein Volk, das im Bergland wohnt, nie meinen Speer erhoben, wenn es mir nicht seine Verachtung gezeigt hätte; das haben sie sich selbst zu verdanken. ³ Sag mir jetzt, warum du von ihnen entflohen und zu uns übergelaufen bist. Es war deine Rettung, dass du hergekommen bist. Sei unbesorgt, du wirst heute Nacht und auch weiterhin am Leben bleiben. ⁴ Niemand wird dir ein Leid antun. Im Gegenteil, man wird dich gut behandeln, wie es die Diener meines Herrn, des Königs Nebukadnezzar, gewohnt sind.

⁵ Judit sagte zu ihm: Nimm die Worte deiner Sklavin gnädig auf und erlaube deiner Magd, vor dir zu reden. Ich erzähle meinem Herrn in dieser Nacht keine Lüge. ⁶ Wenn du dem Rat deiner Magd folgst, dann wird Gott dein Unternehmen zu einem guten Ende führen, und mein Herr wird sein Ziel nicht verfehlen. ⁷ Denn so wahr Nebukadnezzar lebt, der König der ganzen Erde, und so wahr die Macht dessen gilt, der dich aussandte, um alle Welt zur Ordnung zu rufen: Du machst ihm nicht nur die Menschen untertan; auch die wilden Tiere, das Vieh und die Vögel werden dank deiner Tatkraft unter der Herrschaft Nebukadnezzars und seines ganzen Hauses leben. ⁸ Wir haben nämlich von deiner Weisheit und von den großartigen Fähigkeiten deines Geistes gehört; aller Welt ist bekannt, dass du allein im ganzen Reich tüchtig bist, erfolgreich durch dein Wissen und bewundernswert in der Kriegführung. ⁹ Was die Rede betrifft, die Achior in deinem Kriegsrat gehalten hat, so sind uns seine Ausführungen zu Ohren gekommen; denn die Männer von Betulia haben ihn am Leben gelassen und er hat ihnen alles berichtet, was er bei dir gesprochen hat. ¹⁰ Darum sage ich dir, mein Herr und Gebieter, verachte seine Rede nicht, sondern nimm sie dir zu Herzen! Sie entspricht nämlich der Wahrheit: Unser Volk kann tatsächlich nur dann bestraft werden und das Schwert hat nur dann Gewalt über sie, wenn sie sich gegen ihren Gott versündigt haben.

¹¹ Jetzt aber ist es so, dass mein Herr nicht unverrichteter Dinge wieder abziehen muss. Der Tod wird über sie kommen; denn eine Sünde hat von ihnen Besitz ergriffen und sie werden ihren Gott zum Zorn reizen, sobald sie das Unerlaubte wirklich tun. ¹² Als ihnen nämlich die Lebensmittel ausgingen und der Wasservorrat immer knapper wurde, beschlossen sie, sich über ihr Vieh herzumachen, und sie sind gewillt, all das zu verzehren,

SECHSTER FALL

was Gott ihnen in seinem Gesetz als Nahrung verboten hat. [13] Auch die Ersterträge des Getreides und den Zehnten von Wein und Öl, die sie als Weihegaben für den Dienst tuenden Priester unseres Gottes in Jerusalem aufbewahrt haben, beschlossen sie, restlos zu verzehren; dabei darf keiner aus dem Volk die Weihegaben auch nur mit den Händen anrühren. [14] Sie haben Boten nach Jerusalem geschickt, weil die dortige Bevölkerung ebenso gehandelt hat; nun sollen die Boten ihnen den Schulderlass des Ältestenrates besorgen. [15] Doch folgendes wird geschehen: Sobald ihnen der Schulderlass mitgeteilt ist und sie zur Tat schreiten, werden sie dir noch am gleichen Tag zu ihrem Verderben ausgeliefert. [16] Daher bin ich, deine Sklavin, von ihnen weggelaufen, nachdem ich das alles durchschaut hatte. Ja, Gott hat mich gesandt, damit ich mit dir die Dinge vollbringe, über die alle Welt, wenn sie davon erfährt, in Staunen gerät. [17] Deine Sklavin ist eine gottesfürchtige Frau und dient Tag und Nacht dem Gott des Himmels. Jetzt will ich bei dir bleiben, mein Herr; doch in dieser Nacht wird deine Sklavin in die Schlucht hinausgehen. Ich will zu Gott beten und er wird mir sagen, wann sie ihre Sünden begangen haben. [18] Dann will ich kommen und es dir mitteilen. Du aber wirst mit deinen Truppen ausziehen und keiner von ihnen wird dir Widerstand leisten. [19] Ich werde dich quer durch Judäa bis nach Jerusalem führen und dort mitten in der Stadt deinen Feldherrnstuhl aufrichten. Du wirst sie wegführen wie Schafe, die keinen Hirten haben, und kein Hund wird gegen dich bellen. Das wurde mir kraft meiner Sehergabe offenbart und ich bin hergesandt worden, um es dir kundzutun.

[20] Ihre Worte gefielen Holofernes und seinem ganzen Gefolge. Sie staunten über die Weisheit und sagten: [21] Es gibt von einem Ende der Erde bis zum andern keine zweite Frau, die so bezaubernd aussieht und so verständig reden kann. [22] Holofernes sagte zu ihr: Dein Gott hat wohl daran getan, dass er dich aus deinem Volk hersandte; so wird uns der Sieg zuteil, aber jene, die meinen Herrn verachtet haben, wird das Verderben treffen. [23] Wahrhaftig, du bist wunderschön und verstehst ausgezeichnet zu reden. Wenn du tust, was du versprochen hast, dann soll dein Gott auch mein Gott sein; du sollst im Palast des Königs Nebukadnezzar wohnen und in aller Welt berühmt sein.

Judits Sorge um die rituelle Reinheit: 12,1-9

12 Dann ließ er sie in den Raum führen, wo sein silbernes Tafelgerät aufgestellt war, und befahl, ihr von den feinen Speisen auf seinem Tisch vorzusetzen und von seinem Wein zu trinken zu geben. [2] Doch Judit sagte: Ich werde nichts davon nehmen, damit ich keinen Anstoß errege. Man soll mir statt dessen von meinem Vorrat zu essen geben, den ich mitgebracht habe. [3] Da fragte Holofernes: Wenn aber dein Vorrat erschöpft ist, woher sollen wir dann solche Nahrungsmittel beschaffen? Wir haben ja niemand aus deinem Volk bei uns. [4] Judit erwiderte: Bei deinem Leben, mein Herr, noch bevor deine Magd ihren Vorrat aufgebraucht hat, wird der Herr durch meine Hand vollbringen, was er beschlossen hat. ⁵ Darauf führten die Diener des Holofernes sie in das Zelt, wo sie bis Mitternacht schlief. Um die Zeit der Morgenwache stand sie auf, ⁶ schickte einen Boten zu Holofernes und ließ ihm sagen: Möge mein Herr Anweisung geben, dass man deine Sklavin zum Gebet hinausgehen lässt. ⁷ Da befahl Holofernes seinen Leibwächtern, sie nicht daran zu hindern. So verbrachte sie drei Tage im Lager und ging jede Nacht in die Schlucht von Betulia hinaus, um sich im Lager an der Wasserquelle zu baden. ⁸ Wenn sie aus dem Bad herausstieg, flehte sie zu dem Herrn, dem Gott Israels, er möge ihr Vorhaben gelingen lassen und ihrem Volk wieder aufhelfen. ⁹ Dann kehrte sie im Zustand der Reinheit zurück und blieb in dem Zelt, bis sie gegen Abend ihr Essen zu sich nahm.

Judit beim Gastmahl des Holofernes: 12,10-20

¹⁰ Am vierten Tag gab Holofernes ein Gastmahl nur für seine Dienerschaft; von den Männern, die sonst um ihn waren, lud er keinen ein. ¹¹ Dem Eunuchen Bagoas, der sein ganzes Eigentum zu verwalten hatte, gab er den Auftrag: Geh und rede der Hebräerin zu, die deiner Obhut anvertraut ist, dass sie zu uns kommt und mit uns isst und trinkt. ¹² Es wäre wahrhaftig eine Schande für uns, wenn wir eine solche Frau gehen ließen, ohne mit ihr zusammen gewesen zu sein. Sie selber würde uns auslachen, wenn wir sie nicht an uns rissen. ¹³ Bagoas ging weg, trat bei Judit ein und sagte: Möge das schöne Mädchen nicht zögern, zu meinem Herrn zu kommen; sie soll ihm gegenüber den Ehrenplatz einnehmen, mit uns Wein trinken und fröhlich sein und heute den assyrischen Mädchen gleich werden, die im Palast Nebukadnezzars ihren Dienst tun. ¹⁴ Judit entgegnete: Wer bin ich, dass ich meinem Herrn widersprechen dürfte? Ich will unverzüglich alles tun, was er wünscht; das soll mir eine Freude sein bis zum Tag meines Todes.

¹⁵ Judit stand auf, legte ihr bestes Kleid und ihren ganzen Schmuck an. Ihre Dienerin eilte voraus und legte für sie gegenüber von Holofernes die Teppiche auf den Boden, die sie von Bagoas als Lager für ihre täglichen Mahlzeiten erhalten hatte. ¹⁶ Darauf trat Judit ein und nahm Platz. Holofernes aber war über sie ganz außer sich vor Entzücken. Seine Leidenschaft entbrannte und er war begierig danach, mit ihr zusammen zu sein. Denn seit er sie gesehen hatte, lauerte er auf eine günstige Gelegenheit, um sie zu verführen. ¹⁷ Als Holofernes sie aufforderte: Trink doch und sei vergnügt mit uns!, ¹⁸ erwiderte Judit: Gern will ich trinken, Herr, denn ich habe in meinem ganzen Leben noch keine solche Ehre erfahren wie heute. ¹⁹ Sie griff zu, aß und trank vor seinen Augen, was ihre Dienerin zubereitet hatte. ²⁰ Holofernes wurde ihretwegen immer fröhlicher und trank so viel Wein, wie er noch nie zuvor in seinem Leben an einem einzigen Tag getrunken hatte.

Judits Rettungstat: 13,1-10

13 Als es dann Nacht geworden war, brachen seine Diener eilig auf. Bagoas schloss von außen das

Zelt und trennte so die Diener von seinem Herrn. Sie suchten ihr Nachtlager auf, denn sie waren alle von dem ausgedehnten Mahl ermüdet. ² Judit allein blieb in dem Zelt zurück, wo Holofernes, vom Wein übermannt, vornüber auf sein Lager gesunken war. ³ Judit hatte ihrer Dienerin befohlen, draußen vor ihrem Schlafgemach stehen zu bleiben und wie alle Tage zu warten, bis sie herauskäme; sie werde nämlich zum Gebet hinausgehen. Im gleichen Sinne hatte sie auch mit Bagoas gesprochen. ⁴ Inzwischen hatte sich die ganze Gesellschaft entfernt und es befand sich kein Mensch mehr im Schlafgemach des Holofernes. Judit trat an das Lager des Holofernes und betete still: Herr, du Gott aller Macht, sieh in dieser Stunde gnädig auf das, was meine Hände zur Verherrlichung Jerusalems tun werden. ⁵ Jetzt ist der Augenblick gekommen, dass du dich deines Erbbesitzes annimmst und dass ich mein Vorhaben ausführe, zum Verderben der Feinde, die sich gegen uns erhoben haben. ⁶ Dann ging sie zum Bettpfosten am Kopf des Holofernes und nahm von dort sein Schwert herab. ⁷ Sie ging ganz nah zu seinem Lager hin, ergriff sein Haar und sagte: Mach mich stark, Herr, du Gott Israels, am heutigen Tag! ⁸ Und sie schlug zweimal mit ihrer ganzen Kraft auf seinen Nacken und hieb ihm den Kopf ab. ⁹ Dann wälzte sie seinen Rumpf von dem Lager und riss das Mückennetz von den Tragstangen herunter. ¹⁰ Kurz danach ging sie hinaus und übergab den Kopf des Holofernes ihrer Dienerin, die ihn in einen Sack steckte. Sie machten sich dann beide wie gewöhnlich auf den Weg, als wollten sie zum Beten gehen. Sie gingen jedoch, nachdem sie das Lager durchquert hatten, um die Schlucht herum, stiegen den Berg nach Betulia hinauf und gelangten vor das Stadttor.

Apg 6,8 – 8,1

Die Verhaftung des Stephanus: 6,8-15

⁸ Stephanus aber, voll Gnade und Kraft, tat Wunder und große Zeichen unter dem Volk. ⁹ Doch einige von der sogenannten Synagoge der Libertiner und Zyrenäer und Alexandriner und Leute aus Zilizien und der Provinz Asien erhoben sich, um mit Stephanus zu streiten; ¹⁰ aber sie konnten der Weisheit und dem Geist, mit dem er sprach, nicht widerstehen. ¹¹ Da stifteten sie Männer zu der Aussage an: Wir haben gehört, wie er gegen Mose und Gott lästerte. ¹² Sie hetzten das Volk, die Ältesten und die Schriftgelehrten auf, drangen auf ihn ein, packten ihn und schleppten ihn vor den Hohen Rat. ¹³ Und sie brachten falsche Zeugen bei, die sagten: Dieser Mensch hört nicht auf, gegen diesen heiligen Ort und das Gesetz zu reden. ¹⁴ Wir haben ihn nämlich sagen hören: Dieser Jesus, der Nazoräer, wird diesen Ort zerstören und die Bräuche ändern, die uns Mose überliefert hat. ¹⁵ Und als alle, die im Hohen Rat saßen, auf ihn blickten, erschien ihnen sein Gesicht wie das Gesicht eines Engels.

Die Rede des Stephanus: 7,1-53

7 Der Hohepriester aber fragte: Ist das wahr? ² Stephanus antwortete: Brüder und Väter, hört mich an! Der Gott der Herrlichkeit erschien unserem Vater Abraham, als er in Mesopotamien lebte, ehe er sich in Haran niederließ, ³ und sagte zu ihm: *Zieh weg aus deinem Land und aus deiner Verwandtschaft und geh in das Land, das ich dir zeigen werde.* ⁴ Da zog er aus dem Land der Chaldäer fort und ließ sich in Haran nieder. Von dort ließ Gott ihn nach dem Tod seines Vaters in dieses Land übersiedeln, in dem ihr jetzt wohnt. ⁵ Er hat ihm darin kein Erbteil gegeben, auch nicht einen Fußbreit, doch hat er verheißen, *das Land ihm und seinen Nachkommen zum Besitz zu geben*, obwohl er kinderlos war. ⁶ So sprach Gott: *Seine Nachkommen werden als Fremde in einem Land wohnen, das ihnen nicht gehört; und man wird sie zu Sklaven machen und sie vierhundert Jahre lang hart behandeln.* ⁷ *Aber auch über das Volk, dem sie als Sklaven dienen, werde ich Gericht halten*, sprach Gott, *und nachher werden sie ausziehen und mich an diesem Ort verehren.* ⁸ Und er gab ihm den Bund der Beschneidung. So wurde Abraham der Vater Isaaks und beschnitt ihn am achten Tag, ebenso Isaak den Jakob, und Jakob die zwölf Patriarchen. ⁹ Die Patriarchen aber *waren eifersüchtig* auf Josef *und verkauften ihn nach Ägypten; doch Gott war mit ihm.* ¹⁰ Er rettete ihn aus allen seinen Nöten, *schenkte ihm* Weisheit und *die Gunst* des Pharao, des Königs von Ägypten, und *er bestellte ihn zum Herrscher* über Ägypten und *über sein ganzes Haus.* ¹¹ Es kam aber eine Hungersnot über ganz Ägypten und Kanaan und das Elend war groß. Auch unsere Väter hatten keine Nahrung mehr. ¹² Als Jakob hörte, dass es in Ägypten Getreide gab, schickte er unsere Väter ein erstes Mal dorthin. ¹³ Beim zweiten Mal gab Josef sich seinen Brüdern zu erkennen und dem Pharao wurde Josefs Herkunft bekannt. ¹⁴ Josef aber ließ seinen Vater Jakob und die ganze Familie holen: fünfundsiebzig Menschen. ¹⁵ So zog Jakob nach Ägypten hinab; und er starb und auch unsere Väter starben. ¹⁶ Man brachte sie nach Sichem und bestattete sie in dem Grab, das Abraham von den Söhnen Hamors in Sichem für Silbergeld gekauft hatte.

¹⁷ Als aber die Zeit der Verheißung herankam, die Gott dem Abraham zugesagt hatte, vermehrte sich das Volk und breitete sich in Ägypten aus, ¹⁸ bis ein anderer über Ägypten König wurde, der von Josef nichts wusste. ¹⁹ Er ging gegen unser Volk heimtückisch vor und zwang unsere Väter, ihre Kinder auszusetzen; sie sollten nicht am Leben bleiben. ²⁰ In dieser Zeit wurde Mose geboren und Gott hatte Gefallen an ihm. Drei Monate lang wurde er im Haus seines Vaters aufgezogen; ²¹ als er aber ausgesetzt wurde, nahm ihn die Tochter des Pharao auf und erzog ihn als ihren Sohn. ²² Und Mose wurde in aller Weisheit der Ägypter ausgebildet und er war mächtig in Wort und Tat. ²³ Als er vierzig Jahre alt war, reifte in ihm der Gedanke, nach seinen Brüdern, den Söhnen Israels, zu sehen. ²⁴ Und als er sah, wie einem von ihnen Unrecht geschah, kam er dem Unterdrückten zu Hilfe und rächte ihn, indem er den Ägypter erschlug. ²⁵ Er dachte, seine Brüder würden be-

SIEBTER FALL

greifen, dass Gott ihnen durch seine Hand Rettung bringen wolle; doch sie begriffen es nicht. ²⁶ Am folgenden Tag kam er dazu, wie sie sich stritten; er versuchte, sie auszusöhnen und Frieden zu stiften, und sagte: Männer, ihr seid doch Brüder. Warum tut ihr einander Unrecht? ²⁷ Der Mann aber, der seinem Nächsten Unrecht getan hatte, stieß ihn weg und sagte: *Wer hat dich zum Anführer und Schiedsrichter über uns bestellt? ²⁸ Willst du mich etwa umbringen, wie du gestern den Ägypter umgebracht hast?* ²⁹ Daraufhin floh Mose und hielt sich als Fremder in Midian auf; dort wurden ihm zwei Söhne geboren. ³⁰ Als vierzig Jahre vergangen waren, *erschien ihm in der Wüste beim Berg* Sinai *ein Engel im Feuer eines brennenden Dornbusches.* ³¹ Als Mose die Erscheinung sah, wunderte er sich darüber. Er ging näher hin, um sie genauer zu betrachten. Da ertönte die Stimme des Herrn: ³² *Ich bin der Gott deiner Väter, der Gott Abrahams, Isaaks und Jakobs*. Mose begann zu zittern und wagte nicht hinzusehen. ³³ Da sagte der Herr zu ihm: *Zieh deine Schuhe aus! Denn der Ort, wo du stehst, ist heiliger Boden.* ³⁴ *Ich habe das Elend meines Volkes in Ägypten gesehen und seine Klage gehört. Ich bin herabgestiegen, um sie zu retten. Und jetzt geh, ich sende dich nach Ägypten.* ³⁵ Diesen Mose, den sie verleugnet hatten mit den Worten: *Wer hat dich zum Anführer und Schiedsrichter bestellt?,* ihn hat Gott als Anführer und Befreier gesandt durch die Hand des Engels, der ihm im Dornbusch erschien. ³⁶ Dieser Mose hat sie herausgeführt, indem er Zeichen und Wunder tat in Ägypten und im Roten Meer und in der Wüste, vierzig Jahre lang. ³⁷ Dies ist der Mose, der zu den Söhnen Israels gesagt hat: *Einen Propheten wie mich wird Gott euch aus euren Brüdern erwecken.* ³⁸ Dieser stand bei der Versammlung des Volkes in der Wüste zwischen dem Engel, der mit ihm auf dem Berg Sinai redete, und unseren Vätern. Er hat Worte des Lebens empfangen, um sie uns zu geben. ³⁹ Aber unsere Väter wollten sich ihm nicht unterordnen; sie wiesen ihn ab und wandten ihr Herz nach Ägypten zurück. ⁴⁰ Sie sagten zu Aaron: *Mach uns Götter, die vor uns herziehen! Denn dieser Mose, der uns aus Ägypten herausgeführt hat - wir wissen nicht, was mit ihm geschehen ist.* ⁴¹ Und sie fertigten in jenen Tagen das Standbild eines Kalbes an, brachten dem Götzen Opfer dar und freuten sich über das Werk ihrer Hände. ⁴² Da wandte sich Gott ab und überließ sie dem Sternenkult, wie es im Buch der Propheten heißt: *Habt ihr mir etwa Schlachtopfer und Gaben dargebracht während der vierzig Jahre in der Wüste, ihr vom Haus Israel? ⁴³ Das Zelt des Moloch und den Stern des Gottes Romfa habt ihr herumgetragen, die Bilder, die ihr gemacht habt, um sie anzubeten. Darum will ich euch in die Gebiete jenseits von Babylon verbannen.*

⁴⁴ Unsere Väter hatten in der Wüste das Bundeszelt. So hat Gott es angeordnet; er hat dem Mose befohlen, es nach dem Vorbild zu errichten, das er geschaut hatte. ⁴⁵ Und unsere Väter haben es übernommen und mitgebracht, als sie unter Josua das Land der Heidenvölker besetzten, die Gott vor den Augen unserer Väter vertrieb, bis zu den Tagen Davids. ⁴⁶ Dieser fand Gnade vor Gott und bat für das Haus

Jakob um ein Zeltheiligtum. ⁴⁷ Salomo aber baute ihm ein Haus. ⁴⁸ Doch der Höchste wohnt nicht in dem, was von Menschenhand gemacht ist, wie der Prophet sagt: ⁴⁹ *Der Himmel ist mein Thron und die Erde der Schemel für meine Füße. Was für ein Haus könnt ihr mir bauen?, spricht der Herr. Oder welcher Ort kann mir als Ruhestätte dienen?* ⁵⁰ Hat nicht *meine Hand dies alles gemacht?*

⁵¹ Ihr Halsstarrigen, ihr, die ihr euch mit Herz und Ohr immerzu dem Heiligen Geist widersetzt, eure Väter schon und nun auch ihr. ⁵² Welchen der Propheten haben eure Väter nicht verfolgt? Sie haben die getötet, die die Ankunft des Gerechten geweissagt haben, dessen Verräter und Mörder ihr jetzt geworden seid, ⁵³ ihr, die ihr durch die Anordnung von Engeln das Gesetz empfangen, es aber nicht gehalten habt.

Die Steinigung des Stephanus: 7,54 – 8,1a

⁵⁴ Als sie das hörten, waren sie aufs Äußerste über ihn empört und knirschten mit den Zähnen. ⁵⁵ Er aber, erfüllt vom Heiligen Geist, blickte zum Himmel empor, sah die Herrlichkeit Gottes und Jesus zur Rechten Gottes stehen ⁵⁶ und rief: Ich sehe den Himmel offen und den Menschensohn zur Rechten Gottes stehen. ⁵⁷ Da erhoben sie ein lautes Geschrei, hielten sich die Ohren zu, stürmten gemeinsam auf ihn los, ⁵⁸ trieben ihn zur Stadt hinaus und steinigten ihn. Die Zeugen legten ihre Kleider zu Füßen eines jungen Mannes nieder, der Saulus hieß. ⁵⁹ So steinigten sie Stephanus; er aber betete und rief: Herr Jesus, nimm meinen Geist auf! ⁶⁰ Dann sank er in die Knie und schrie laut: Herr, rechne ihnen diese Sünde nicht an! Nach diesen Worten starb er.

¹ᵃ Saulus aber war mit dem Mord einverstanden.

1 Kön 16,29-34

Ahab von Israel: 16,29-34

²⁹ Ahab, der Sohn Omris, wurde König von Israel im achtunddreißigsten Jahr des Königs Asa von Juda. Er regierte in Samaria zweiundzwanzig Jahre über Israel ³⁰ und tat, was dem Herrn missfiel, mehr als alle seine Vorgänger. ³¹ Es war noch das wenigste, dass er an den Sünden Jerobeams, des Sohnes Nebats, festhielt. Er nahm Isebel, die Tochter Etbaals, des Königs der Sidonier, zur Frau, ging hin, diente dem Baal und betete ihn an. ³² Im Baalstempel, den er in Samaria baute, errichtete er einen Altar für den Baal. ³³ Auch stellte er einen Kultpfahl auf und tat noch vieles andere, womit er den Herrn, den Gott Israels, mehr erzürnte als alle Könige Israels vor ihm. ³⁴ In seinen Tagen baute Hiël aus Bet-El Jericho wieder auf. Um den Preis seines Erstgeborenen Abiram legte er die Fundamente und um den Preis seines jüngsten Sohnes Segub setzte er die Tore ein, wie es der Herr durch Josua, den Sohn Nuns, vorausgesagt hatte.

ACHTER FALL

1 Kön 18,1-40

Das Gottesurteil auf dem Karmel:
18,1-40

18 Nach langer Zeit - es war im dritten Jahr - erging das Wort des Herrn an Elija: Geh und zeig dich dem Ahab! Ich will Regen auf die Erde senden. ² Da ging Elija hin, um sich Ahab zu zeigen.

Die Hungersnot war groß in Samaria. ³ Daher rief Ahab den Palastvorsteher Obadja. Dieser war sehr gottesfürchtig. ⁴ Als Isebel die Propheten des Herrn ausrottete, hatte Obadja hundert von ihnen beiseite genommen, sie zu je fünfzig in einer Höhle verborgen und mit Brot und Wasser versorgt. ⁵ Ahab befahl nun Obadja: Geh an alle Wasserquellen und Bäche im Land! Vielleicht finden wir Gras, damit wir Pferde und Maultiere am Leben erhalten können und nicht einen Teil des Viehs töten müssen. ⁶ Sie teilten sich das Land, um es zu durchstreifen. Ahab ging in die eine und Obadja in die andere Richtung.

⁷ Als nun Obadja unterwegs war, kam ihm Elija entgegen. Obadja erkannte ihn, warf sich vor ihm nieder und rief: Bist du es, mein Herr Elija? ⁸ Dieser antwortete: Ich bin es. Geh und melde deinem Herrn: Elija ist da. ⁹ Obadja entgegnete: Was habe ich mir zu Schulden kommen lassen, dass du deinen Knecht an Ahab ausliefern und dem Tod preisgeben willst? ¹⁰ So wahr der Herr, dein Gott, lebt: Es gibt kein Volk und kein Reich, wo mein Herr dich nicht hätte suchen lassen. Und wenn man sagte: Er ist nicht hier, dann ließ er dieses Reich oder Volk schwören, dass man dich nicht gefunden habe. ¹¹ Und jetzt befiehlst du: Geh und melde deinem Herrn: Elija ist da. ¹² Wenn ich nun von dir weggehe, könnte ja der Geist des Herrn dich an einen Ort tragen, den ich nicht kenne. Käme ich dann zu Ahab, um dich zu melden, und könnte er dich nicht finden, so würde er mich töten. Dabei hat dein Knecht doch von Jugend auf den Herrn gefürchtet. ¹³ Hat man dir denn nicht berichtet, was ich getan habe, als Isebel die Propheten des Herrn umbrachte? Ich habe doch hundert von ihnen, je fünfzig in einer Höhle, verborgen und mit Brot und Wasser versorgt. ¹⁴ Und nun befiehlst du: Geh und melde deinem Herrn: Elija ist da. Ahab würde mich töten. ¹⁵ Doch Elija antwortete: So wahr der Herr der Heere lebt, in dessen Dienst ich stehe: Heute noch werde ich ihm vor die Augen treten.

¹⁶ Obadja kam zu Ahab und brachte ihm die Nachricht. Ahab ging Elija entgegen. ¹⁷ Sobald er ihn sah, rief er aus: Bist du es, Verderber Israels? ¹⁸ Elija entgegnete: Nicht ich habe Israel ins Verderben gestürzt, sondern du und das Haus deines Vaters, weil ihr die Gebote des Herrn übertreten habt und den Baalen nachgelaufen seid. ¹⁹ Doch schick jetzt Boten aus und versammle mir ganz Israel auf dem Karmel, auch die vierhundertfünfzig Propheten des Baal und die vierhundert Propheten der Aschera, die vom Tisch Isebels essen.

²⁰ Ahab schickte in ganz Israel umher und ließ die Propheten auf dem Karmel zusammenkommen. ²¹ Und Elija trat vor das ganze Volk und rief: Wie lange noch schwankt ihr nach zwei Seiten? Wenn Jahwe der wahre

ACHTER FALL

Gott ist, dann folgt ihm! Wenn aber Baal es ist, dann folgt diesem! Doch das Volk gab ihm keine Antwort. ²² Da sagte Elija zum Volk: Ich allein bin als Prophet des Herrn übrig geblieben; die Propheten des Baal aber sind vierhundertfünfzig. ²³ Man gebe uns zwei Stiere. Sie sollen sich einen auswählen, ihn zerteilen und auf das Holz legen, aber kein Feuer anzünden. Ich werde den andern zubereiten, auf das Holz legen und kein Feuer anzünden. ²⁴ Dann sollt ihr den Namen eures Gottes anrufen und ich werde den Namen des Herrn anrufen. Der Gott, der mit Feuer antwortet, ist der wahre Gott. Da rief das ganze Volk: Der Vorschlag ist gut. ²⁵ Nun sagte Elija zu den Propheten des Baal: Wählt ihr zuerst den einen Stier aus und bereitet ihn zu; denn ihr seid die Mehrheit. Ruft dann den Namen eures Gottes an, entzündet aber kein Feuer! ²⁶ Sie nahmen den Stier, den er ihnen überließ, und bereiteten ihn zu. Dann riefen sie vom Morgen bis zum Mittag den Namen des Baal an und schrien: Baal, erhöre uns! Doch es kam kein Laut und niemand gab Antwort. Sie tanzten hüpfend um den Altar, den sie gebaut hatten. ²⁷ Um die Mittagszeit verspottete sie Elija und sagte: Ruft lauter! Er ist doch Gott. Er könnte beschäftigt sein, könnte beiseite gegangen oder verreist sein. Vielleicht schläft er und wacht dann auf. ²⁸ Sie schrien nun mit lauter Stimme. Nach ihrem Brauch ritzten sie sich mit Schwertern und Lanzen wund, bis das Blut an ihnen herabfloss. ²⁹ Als der Mittag vorüber war, verfielen sie in Raserei und das dauerte bis zu der Zeit, da man das Speiseopfer darzubringen pflegt. Doch es kam kein Laut, keine Antwort, keine Erhörung.

³⁰ Nun forderte Elija das ganze Volk auf: Tretet her zu mir! Sie kamen und Elija baute den zerstörten Altar Jahwes wieder auf. ³¹ Er nahm zwölf Steine, nach der Zahl der Stämme der Söhne Jakobs, zu dem der Herr gesagt hatte: Israel soll dein Name sein. ³² Er fügte die Steine zu einem Altar für den Namen des Herrn, zog rings um den Altar einen Graben und grenzte eine Fläche ab, die zwei Sea Saat hätte aufnehmen können. ³³ Sodann schichtete er das Holz auf, zerteilte den Stier und legte ihn auf das Holz. ³⁴ Nun befahl er: Füllt vier Krüge mit Wasser und gießt es über das Brandopfer und das Holz! Hierauf sagte er: Tut es noch einmal! Und sie wiederholten es. Dann sagte er: Tut es zum dritten Mal! Und sie taten es zum dritten Mal. ³⁵ Das Wasser lief rings um den Altar. Auch den Graben füllte er mit Wasser. ³⁶ Zu der Zeit nun, da man das Speiseopfer darzubringen pflegt, trat der Prophet Elija an den Altar und rief: Herr, Gott Abrahams, Isaaks und Israels, heute soll man erkennen, dass du Gott bist in Israel, dass ich dein Knecht bin und all das in deinem Auftrag tue. ³⁷ Erhöre mich, Herr, erhöre mich! Dieses Volk soll erkennen, dass du, Herr, der wahre Gott bist und dass du sein Herz zur Umkehr wendest. ³⁸ Da kam das Feuer des Herrn herab und verzehrte das Brandopfer, das Holz, die Steine und die Erde. Auch das Wasser im Graben leckte es auf. ³⁹ Das ganze Volk sah es, warf sich auf das Angesicht nieder und rief: Jahwe ist Gott, Jahwe ist Gott! ⁴⁰ Elija aber befahl ihnen: Ergreift die Propheten des Baal! Keiner von ihnen soll entkommen. Man ergriff sie und Elija ließ sie zum Bach Kischon hinabführen und dort töten.

NEUNTER UND ZEHNTER FALL

📖 Mk 6,17-29

Die Enthauptung des Täufers:
6,17-29

¹⁷ Herodes hatte nämlich Johannes festnehmen und ins Gefängnis werfen lassen. Schuld daran war Herodias, die Frau seines Bruders Philippus, die er geheiratet hatte. ¹⁸ Denn Johannes hatte zu Herodes gesagt: Du hattest nicht das Recht, die Frau deines Bruders zur Frau zu nehmen. ¹⁹ Herodias verzieh ihm das nicht und wollte ihn töten lassen. Sie konnte ihren Plan aber nicht durchsetzen, ²⁰ denn Herodes fürchtete sich vor Johannes, weil er wusste, dass dieser ein gerechter und heiliger Mann war. Darum schützte er ihn. Sooft er mit ihm sprach, wurde er unruhig und ratlos, und doch hörte er ihm gern zu. ²¹ Eines Tages ergab sich für Herodias eine günstige Gelegenheit. An seinem Geburtstag lud Herodes seine Hofbeamten und Offiziere zusammen mit den vornehmsten Bürgern von Galiläa zu einem Festmahl ein. ²² Da kam die Tochter der Herodias und tanzte und sie gefiel dem Herodes und seinen Gästen so sehr, dass der König zu ihr sagte: Wünsch dir, was du willst; ich werde es dir geben. ²³ Er schwor ihr sogar: Was du auch von mir verlangst, ich will es dir geben, und *wenn es die Hälfte meines Reiches wäre*. ²⁴ Sie ging hinaus und fragte ihre Mutter: Was soll ich mir wünschen? Herodias antwortete: Den Kopf des Täufers Johannes. ²⁵ Da lief das Mädchen zum König hinein und sagte: Ich will, dass du mir sofort auf einer Schale den Kopf des Täufers Johannes bringen lässt. ²⁶ Da wurde der König sehr traurig, aber weil er vor allen Gästen einen Schwur geleistet hatte, wollte er ihren Wunsch nicht ablehnen. ²⁷ Deshalb befahl er einem Scharfrichter, sofort ins Gefängnis zu gehen und den Kopf des Täufers herzubringen. Der Scharfrichter ging und enthauptete Johannes. ²⁸ Dann brachte er den Kopf auf einer Schale, gab ihn dem Mädchen und das Mädchen gab ihn seiner Mutter. ²⁹ Als die Jünger des Johannes das hörten, kamen sie, holten seinen Leichnam und legten ihn in ein Grab.

Mt 26,14-25.46-50 📖

Der Verrat durch Judas: 26,14-16

¹⁴ Darauf ging einer der Zwölf namens Judas Iskariot zu den Hohenpriestern ¹⁵ und sagte: Was wollt ihr mir geben, wenn ich euch Jesus ausliefere? Und *sie zahlten ihm dreißig Silberstücke*. ¹⁶ Von da an suchte er nach einer Gelegenheit, ihn auszuliefern.

Die Vorbereitung des Paschamahls: 26,17-19

¹⁷Am ersten Tag des Festes der Ungesäuerten Brote gingen die Jünger zu Jesus und fragten: Wo sollen wir das Paschamahl für dich vorbereiten? ¹⁸ Er antwortete: Geht in die Stadt zu dem und dem und sagt zu ihm: Der Meister lässt dir sagen: Meine Zeit ist da; bei dir will ich mit meinen Jüngern das Paschamahl feiern. ¹⁹ Die Jünger taten, was Jesus ihnen aufgetragen hatte, und bereiteten das Paschamahl vor.

ZEHNTER FALL

Das Mahl: 26,20-25

²⁰ Als es Abend wurde, begab er sich mit den zwölf Jüngern zu Tisch. ²¹ Und während sie aßen, sprach er: Amen, ich sage euch: Einer von euch wird mich verraten und ausliefern. ²² Da waren sie sehr betroffen und einer nach dem andern fragte ihn: Bin ich es etwa, Herr? ²³ Er antwortete: Der, der die Hand mit mir in die Schüssel getaucht hat, wird mich verraten. ²⁴ Der Menschensohn muss zwar seinen Weg gehen, wie die Schrift über ihn sagt. Doch weh dem Menschen, durch den der Menschensohn verraten wird. Für ihn wäre es besser, wenn er nie geboren wäre. ²⁵ Da fragte Judas, der ihn verriet: Bin ich es etwa, Rabbi? Jesus sagte zu ihm: Du sagst es.

Das Gebet in Getsemani: 26,46

⁴⁶ Steht auf, wir wollen gehen! Seht, der Verräter, der mich ausliefert, ist da.

Die Gefangennahme: 26,47-50

⁴⁷ Während er noch redete, kam Judas, einer der Zwölf, mit einer großen Schar von Männern, die mit Schwertern und Knüppeln bewaffnet waren; sie waren von den Hohenpriestern und den Ältesten des Volkes geschickt worden. ⁴⁸ Der Verräter hatte mit ihnen ein Zeichen verabredet und gesagt: Der, den ich küssen werde, der ist es; nehmt ihn fest. ⁴⁹ Sogleich ging er auf Jesus zu und sagte: Sei gegrüßt, Rabbi! Und er küsste ihn. ⁵⁰ Jesus erwiderte ihm: Freund, dazu bist du gekommen? Da gingen sie auf Jesus zu, ergriffen ihn und nahmen ihn fest.

Mt 27,3-5

Das Ende des Judas: 27,3-5

³ Als nun Judas, der ihn verraten hatte, sah, dass Jesus zum Tod verurteilt war, reute ihn seine Tat. Er brachte den Hohenpriestern und den Ältesten die dreißig Silberstücke zurück ⁴ und sagte: Ich habe gesündigt, ich habe euch einen unschuldigen Menschen ausgeliefert. Sie antworteten: Was geht das uns an? Das ist deine Sache. ⁵ Da warf er die Silberstücke in den Tempel; dann ging er weg und erhängte sich.

Apg 1,16-19

¹⁶ Brüder! Es musste sich das Schriftwort erfüllen, das der Heilige Geist durch den Mund Davids im voraus über Judas gesprochen hat. Judas wurde zum Anführer derer, die Jesus gefangen nahmen. ¹⁷ Er wurde zu uns gezählt und hatte Anteil am gleichen Dienst. ¹⁸ Mit dem Lohn für seine Untat kaufte er sich ein Grundstück. Dann aber stürzte er vornüber zu Boden, sein Leib barst auseinander und alle Eingeweide fielen heraus. ¹⁹ Das wurde allen Einwohnern von Jerusalem bekannt; deshalb nannten sie jenes Grundstück in ihrer Sprache Hakeldamach, das heißt Blutacker.

⊙ ⊙ ⊙

„Aber du hattest die entscheidende Idee mit dem Sach- und Personenregister. Das war der Zugangscode zu der ganzen Geschichte."

„Nebukat und Zid Kija waren aber auch nur schwach verschlüsselte Namen", Feminenz lächelt milde.

Foodsi, der sich heute mit dummen Sprüchen sehr zurückgehalten hat, hebt sein Brötchen hoch und tönt: „Und was lernen wir daraus? Auch wenn man nichts weiß, kann man das Ziel erreichen!"

Dafür schlägt ihm Feminenz einen Hefter über den Kopf und blitzt ihn an: „Damit du gleich weißt, was ich alles weiß: Ich habe einen neuen Fall und ich finde, dass dieses Wetter hervorragend dazu passt!"

„Oh, Miss Marple braucht jetzt sogar eine bestimmte Wetterlage für ihre Fälle", lästert Renner. Feminenz dreht sich auf dem Absatz herum und wedelt mit dem Hefter wie mit einer Siegesfahne: „Schaden kann es jedenfalls nicht. Um sechs im Keller?"

„Um sechs im Keller."

Prof, der einzige Autofahrer unter den Freunden, hatte bei dem Mistwetter einen Sammeltransport gemacht. Und so sind alle pünktlich zur Stelle, außer Renner, der auf seinem Fahrrad bestand. Nass wie eine Katze steht auch er kurz nach sechs auf der Matte, wirft seinen Rucksack auf die Erde und zieht eine Portion trockener Klamotten heraus. Noch beim Umziehen ist er schon ganz bei der Sache: „Wenn ihr noch ein Heißgetränk für mich habt, kann es sofort losgehen. Feminenz, was haben wir denn heute?"

DER SECHSTE FALL: HAUPTKOMMISSARIN FEMINENZ
MORD IM LOKAL LAGERPLATZ

Feminenz baut sich vor der Tafel auf: „Wir haben einen Mord! Und wenn ich Mord sage, dann meine ich auch Mord – kein Unfall, kein Selbstmord!"
Klick, der erste Zettel hängt. „Der Tote, beziehungsweise das, was von ihm übrig ist, heißt Holger Fernes, 40 Jahre alt. Er ist Geschäftsführer eines Lokals mit Namen Lagerplatz. Es liegt in einem Stadtteil, der bei Insidern ‚Beim bunten Volk' heißt." Klick!
„Dort sind jede Menge kleine Läden und Restaurants von Ausländern: Griechische Taverne, italienische Pizzeria, chinesisch und türkisch, die ganze Palette. Fundort, in diesem Falle auch der Tatort, sind die Privaträume in seinem eigenen Restaurant." Klick!
„Hinter der Tür mit dem Schild ‚Büro' trifft man unerwartet auf eine ziemlich luxuriöse Suite, in der zugegebenermaßen auch ein Schreibtisch steht. Darüber hinaus ist sie ausgestattet mit wertvollen Möbeln, edlen Gläsern, einer üppig gefüllten Hausbar und einer Sammlung von uralten Waffen. Noch interessanter ist allerdings sein nobles Schlafgemach, was so aussieht, als ob er sich da wesentlich netteren Beschäftigungen hingegeben hat als der Büroarbeit. Dort wurde er auch

gefunden, allerdings ohne Kopf."
„Wie bitte, sag das noch einmal!?"
„Spinnst du?"
„Jetzt dreht sie ganz durch!"
Das Chaos ist perfekt und Feminenz hat alle Mühe, sich wieder Gehör zu verschaffen: „Ruhe, verflixt noch mal! Bis jetzt stelle ich nur die nackten Tatsachen dar. Diskutiert wird später! Todesursache ist also eindeutig die Trennung von Kopf und Rumpf mittels eines geeigneten Gegenstandes; in diesem Falle eines Schwertes aus seiner Sammlung. Die Tatwaffe steht damit eindeutig fest." Klick, letzter Zettel.
„Todeszeitpunkt so um Mitternacht herum, gefunden wurde er am nächsten Morgen von einem seiner Mitarbeiter. Der Kopf ist übrigens bisher nicht aufgefunden worden. Ja, übrigens, bis zu seinem Tod scheint er eine sehr erquickliche Nacht gehabt zu haben. Champagner und benutzte Gläser, Reste von köstlichem Essen und ein eher aufdringliches Parfüm lassen darauf schließen. So! Jetzt bin ich fertig, nun seid ihr dran."

Nach einer etwas längeren Pause als sonst üblich, - das Team musste sich wohl erst von dem Schreck erholen, – übernimmt Prof das Wort: „Inzwischen ist mir klar, warum du so mit dem Wetter kokettiert hast. Das ist ja wirklich eine makabere, düstere Geschichte. Also, ich würde mal mit dem bunten Völkchen anfangen wollen. Wenn ich dich richtig verstanden habe, ist das so eine Art Kiez, wo einer den anderen kennt. Da muss doch etwas herauszubekommen sein:

- Was war der Herr Fernes für ein Mensch?
- Hatte er Feinde?
- Wie denken andere Restaurantbesitzer über ihn?
- Überhaupt, was ist das für ein Lokal? Lagerplatz hört sich nach Kneipe im unteren Niveau an, was zu der Ausstattung seiner Privaträume so gar nicht passt?
- Und wie ging er mit seinen Angestellten um? Das könnte auch wichtig sein."

„Gut, dann fang einfach an." Feminenz schiebt eine Bibel über den Tisch und wendet sich den anderen zu.

Foodsi leckt sich über die Lippen und strahlt: „Ich liebe Restaurants! Was liegt mir mehr, als sich dort umzusehen und sich mit den Gästen zu befassen!

- Was für Leute verkehren in diesem Lokal?
- Sind es mehr Stammgäste oder eher Laufkundschaft?
- Ist es vielleicht eine Touristenfalle?
- Wie oft lässt sich der Fernes dort selbst blicken?
- Kennt er Gäste persönlich?

Wichtig wäre vielleicht noch, ob sich dort regelmäßig Gruppen oder Vereine treffen oder es sogar so eine Art Clubcharakter hat." Feminenz ist wieder einmal mehr beeindruckt von Foodsis Scharfsinn und nickt anerkennend. Ihr Blick wendet sich aufmunternd dem Rest zu.

Renner, der Charmeur, grinst hintergründig: "Wenn der Herr Fernes so ein bombastisches Schlafzimmer hatte, sollte sich jemand um seine Damenbekanntschaften kümmern. Ich glaube, das wäre die richtige Aufgabe für mich!"

"Natürlich! Ja, ja! Renner und die Frauen. Es ist doch immer das Gleiche", tönt es von allen Seiten.

Renner genießt die Zwischenrufe; haben sie doch sein Image als Frauenheld wieder einmal aufpoliert: "Mal ohne Quatsch. Fernes ist in seinem Bett ermordet worden. Alles sah so aus, als ob er sich dort mit einer Frau vergnügt hat. Dann ist diese Frau wahrscheinlich die Letzte, die ihn lebend gesehen hat. Vielleicht weiß sie sogar, was danach passiert ist.

> Also, was waren das für Frauen, die Fernes in seinen Privaträumen empfangen hat?

- Hatte er eine feste Beziehung? Wer hatte Zugang zu seinen Räumen?
- Hatten die Frau oder andere Frauen einen Schlüssel?
- War eigentlich die Tür aufgebrochen worden?"

Alle blicken zu Feminenz, die mit dem Kopf schüttelt: „Aha! Er hat also den Täter selber hereingelassen. Oder jemand hatte noch einen Schlüssel."

Nun bleibt nur noch Pope übrig, der heute noch geistesabwesender ist als sonst. Alle Augen schauen ihn an und er schnauft, als ob er gerade aus einer anderen Welt auftaucht: „Wenn man heute jemanden ins Jenseits befördern will, gibt es doch wirklich einfachere und elegantere Methoden, als ihm den Kopf abzuschlagen. Meiner Meinung nach liegt der Schlüssel in der Todesart: Das ist wie eine geheime Botschaft.

Wo ist eigentlich der Kopf? Der oder die Täter müssen ihn mitgenommen haben. Aber warum? Da liegt ein toter Mann kopflos. Steht hinter Holger Fernes noch mehr? Wollte man mit dieser Tat nicht nur Fernes, sondern eine Gruppe oder Organisation ausschalten?"

Alle nicken nachdenklich. Die Argumentation des Popen hat sie sichtlich beeindruckt.

Feminenz klatscht in die Hände: „An die Arbeit!"

Heute hört man wieder einmal die Stille knistern. Jeder ist mit sich selbst auf seinem eigenen Stern. Man blättert, schreibt Notizen oder kaut auch nur an seinem Stift. Selten steht jemand auf und geht zur Tafel. Dort stehen heute auch nur wenige Hinweise und ein paar Zettel, auf denen aber auch mehr Fragen als Erkenntnisse stehen.

Feminenz räuspert sich leise: „Freunde, die Kerzen gehen aus!" Alle schauen etwas verstört. Sie können nicht glauben, dass die Zeit schon vorbei sein soll.

Foodsi fängt sich als Erster: „Na, dann puzzeln wir mal das Wenige zusammen, vielleicht ergibt es ja ein Bild?

Also: Das Lokal ist keine Kneipe im eigentlichen Sinn, eher gute Mittelklasse. Das Ambiente ist angenehm, die Leute sind freundlich. Das Publikum ist ziemlich normal, keine Snobs, keine durchgeknallten Typen. Man hat den Eindruck, als ob sich die meisten mehr oder weniger kennen. Man grüßt sich oder winkt sich beim Abschied noch einmal zu. Auf keinen Fall ist es eine Touristenfalle und es gibt auch keinen Hinweis auf irgendwelche Vereine. Das wäre auch bei nur einem Gastraum schwierig.

Allerdings gibt es kleinere Gruppen sportlicher junger Männer, die vielleicht nach dem Sport noch einen Absacker nehmen. Fernes soll auch fast jeden Abend dort gewesen sein. Allerdings zog er sich nach einer kurzen, freundlichen Inspektionsrunde dann zurück. Übrigens gibt es natürlich einen Hintereingang.

Das heißt: Nicht alle Leute, die er privat empfangen wollte, mussten durch den Gastraum gehen. Mehr kann ich euch leider nicht anbieten."

Bevor sich Feminenz bedanken kann, schaltet sich Renner ein: „Da machen wir doch gleich mal mit den privaten Gästen des Herrn Fernes weiter. Bis auf einige Geschäftsbesprechungen empfing er vornehmlich weibliche Besucher, wie das pompöse Bett ja schon vermuten ließ. Diese wechselten auch in munterer Reihenfolge. In der letzten Zeit jedoch wurde er immer wieder mit der schönen Witwe Julia Meraris gesehen. Sie betreibt ganz in der Nähe so eine Art Bioladen, alles frisch vom Erzeuger. Bevor ihr Mann vor drei Jahren verunglückt ist, bewirtschafteten sie etliche Ländereien, hatten auch viel Vieh und eine Menge Angestellte. Da ist auch richtig viel Kohle dahinter.

Nach seinem Tod hat sie das alles geerbt, gibt vielen Menschen Arbeit und betreibt diesen Laden. Im Kiez ist sie hoch angesehen und beliebt. Keiner konnte etwas Schlechtes über sie sagen. Sie war so etwas wie eine ehrbare Witwe, bodenständig, klug und praktisch veranlagt und mit allen freundlich. Männergeschichten konnte ihr keiner nachsagen.

Als sie plötzlich anfing sich zu stylen und nur noch in Superklamotten herumlief, hat das natürlich für Aufsehen gesorgt. Und irgendwie sind alle der Meinung, dass sie es ganz bewusst auf diesen Holger Fernes abgesehen hatte. Und es hat ja auch geklappt. Übrigens am Abend des Mordes war sie auch im ‚Lagerplatz' und wurde dort zusammen mit Holger Fernes gesehen. So ist sie möglicherweise eine wichtige Zeugin."

Prof kann keine voreiligen Schlüsse zulassen und fängt an mit Renner zu streiten: „Wieso denn das? Bislang ist sie auch als Täterin nicht auszuschließen. Frauen sind nicht nur Giftmörderinnen."

„Aber eine Frau kann doch nicht mit einem Schwert umgehen. Sie hat gar nicht so viel Kraft." „Woher willst du denn das wissen? Vielleicht macht sie Karate?"

Feminenz hat alle Mühe, die zwei wieder auf den Teppich zu bringen und Prof lenkt ein und leitet gleich zu seinen Ergebnissen über: „Also, so locker und unbeschwert wie es den Anschein hat, geht es in diesem Stadtviertel dann doch nicht zu. Die meisten dieser kleinen Geschäfte und Kneipchen müssen ganz schön knabbern. Bis auf unsere schöne Witwe natürlich, da hat Renner völlig recht mit seiner Einschätzung. Seit längerer Zeit müssen immer wieder die kleineren Geschäftsleute aufgeben und schon lange glaubt keiner mehr an Zufälle. Denn immer, wenn ein Laden oder Lokal zumachen musste, eröffnet kurze Zeit später an gleicher Stelle etwas Neues."

„Schutzgeld-Erpressung?", Foodsi wagt einen Zwischenruf.

„Habe ich auch erst gedacht", der Prof lässt sich nicht aus dem Konzept bringen. „Es gibt aber keine Anhaltspunkte dafür. Es redet keiner darüber. Auf alle Fälle sind die Leute sauer und ängstlich gleichzeitig, weil sie nicht wissen, was da vor sich geht. Sie beobachten die Neuen sehr kritisch und reden nur von den Assys. Was das auch immer heißen mag. Also ein Motiv ließe sich da sicher finden.

Übrigens der ‚Lagerplatz' ist auch eines von den neuen Lokalen. Es drängt sich natürlich der Gedanke auf, dass irgendwer das Viertel systematisch aufkauft. Wenn das so sein sollte, dann macht er das sehr geschickt. Vor Ort sind nur Geschäftsführer, Pächter und solche Leute. Wer der oder die Inhaber sind und ob da eine größere Kette dahinter steht, darüber gibt es nur Gerüchte. Merkwürdig ist, dass die neuen Geschäftsleute alle irgendwie syrischer Abstammung sind. Das könnte schon auf ein größeres Unternehmen schließen lassen. Ach ja, und der Herrn Fernes scheint alle neuen Geschäftsleute gekannt zu haben. Wenn wirklich eine Organisation dahinter steht, dann ist er eventuell eine Schlüsselfigur."

"Oder der Kopf", wirft nun Pope ein. "Das würde passen. Lasst mich heute mal spekulieren. Nehmen wir an, Fernes ist der oder ein Kopf eines Unternehmens, welches sich in diesem Viertel breit machen will. Mit mehr oder weniger unlauteren Methoden hebelt er einen Laden nach dem anderen aus. Aber die Leute sind nicht blöd. Sie kommen ihm auf die Schliche. Und Bums, da hauen sie ihm doch einfach den Kopf ab in der Hoffnung, dass sie damit auch den Kopf der Organisation entfernt haben. Das könnte auch erklären, weshalb sie den Kopf mitgenommen haben."

Alle schauen ziemlich skeptisch mit dem Wieso-Blick.

"Na ist doch klar! Wir haben euren Verein geköpft und nun ist er tot, der Verein!"

Renner schüttelt sich: "Ich weiß nicht. Das ist mir alles zu weit hergeholt. Wir suchen einen Mörder! Wer, wer bitte hat einen konkreten Verdacht? Die Verschwörungstheorie vom Popen hört sich ja ganz hübsch an, aber wer hat es getan? Die kleinen braven Geschäftsleute, die Angst haben, dass sie die Nächsten sind, die mittellos dastehen? Traut ihr denen das zu? Die schöne Julia, die finanziell sowieso auf sicheren Füssen steht? Warum sollte die sich so in die Nesseln setzen?"

Mitten in die ganz große Ratlosigkeit setzt Feminenz jetzt endgültig den Schlusspunkt: „Aus, vorbei! Ich sage nur: Ihr seid trotz aller Zweifel auf dem richtigen Weg. Bitte von jedem einen roten Zettel. Korrespondenzen per Telefon oder E-Mail sind heute Nacht noch gestattet. Morgen früh bringen wir den Mörder gemeinsam zur Strecke."

„Oder die Mörderin!", Prof muss heute das letzte Wort haben.

☛ Falls unsere Leser schon weiter ermitteln wollen, finden sie den richtigen Hinweis auf den Seiten 77-82.
[Jdt 10 – 13]

⊙ ⊙ ⊙

Feminenz sonnte sich am nächsten Morgen in den Lobsprüchen der vier Männer, die ihr eine hervorragende Vorbereitung bescheinigen mussten. Das Ergebnis war fifty-fifty. Prof und der Pope haben die richtigen Schlüsse gezogen. Wobei der Prof zugab, dass es bei ihm mehr Zufall war. Der eigentliche Glanz lag auf dem Popen, den sein Bibelwissen gleich in die richtige Richtung geführt hatte und dem bald klar geworden war, warum sich Feminenz diesen Fall ausgesucht hatte. Es war nicht nur das Wetter.

Die nächsten Wochen waren ausnahmsweise mal ganz der Schule gewidmet, denn die Lehrer schrieben Klausuren um die Wette.
„Jedes Jahr vor Weihnachten ist es das Gleiche", maulte Renner. „Als ob die Lehrer an Weihnachten nichts Besseres zu tun hätten als Schülerarbeiten zu korrigieren."
„Wo man doch die meiste Zeit zum Essen braucht", ergänzte Foodsi.
Der Prof klagte, dass der Keller schon total verwaist wäre, und Feminenz gab zu bedenken, dass bei dem ganzen Schulstress so ein kleiner Mord doch eine wunderbare Abwechslung wäre. Aber es schob sich nichts zusammen und schon standen die Weihnachtsferien vor der Tür. Damit wurde die Terminplanung noch schwieriger: Entweder man bekommt Besuch oder man fährt zu Besuch, einer fehlte immer.
Über Sylvester wollten die Fünf gemeinsam verreisen, wieder Fehlanzeige. Kein Wunder, dass eine ausgeprägte Unzufriedenheit sich breit machte.

Der Pope hatte letztendlich die rettende Idee: „Hört alle her! Hier ist mein Kompromissvorschlag: Am ersten Schultag um sechs im Keller!"
„Ja, hast du denn einen Fall?", tönt es wie aus einem Mund.
Pope schüttelt den Kopf: „Noch nicht, aber bis dahin habe ich einen. Versprochen!"

Und wenn Pope etwas verspricht, dann kann man sich darauf verlassen. So strahlt am ersten Schultag der Keller besonders hell im Kerzenlicht. Alle sind bester Laune, besonders Foodsi: Das übrig gebliebene Weihnachtsgebäck von fünf Familien hat sich auf dem Tisch versammelt. Auch die Getränkelage ist weihnachtlich auserlesen und die Fünf haben sich so viel zu erzählen, als ob sie sich ein Jahr nicht gesehen hätten. Pope steht vor der Tafel und schiebt, schon etwas ungeduldig, die Magnete hin und her. Renner sieht es und erlöst ihn endlich: „Also, was haben wir denn heute?"

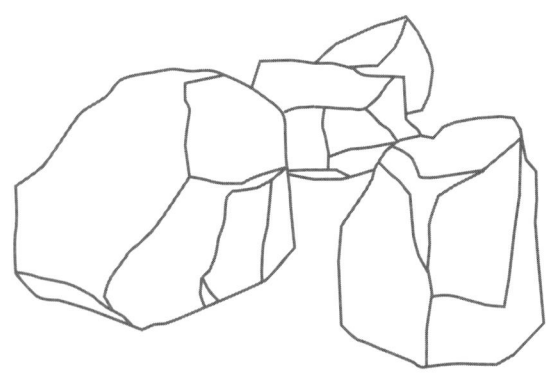

DER SIEBENTE FALL: HAUPTKOMMISSAR POPE
DER TOTE AUS DER KIESGRUBE

„Wir haben einen Toten: Ob Unfall, Totschlag oder Mord müssen wir klären. Der junge Mann heißt Steffen D." Klick; der erste Magnet ist an der Tafel. „Er wurde blutüberströmt, mit zahlreichen Verletzungen in einer Kiesgrube außerhalb der Stadt aufgefunden." Klick.

„Die Todesursache ist demnach nicht ganz eindeutig, weil man nicht genau weiß, welche von den Verletzungen zum Tode führte. Möglicherweise ist er verblutet. Der ganze Körper weist zahlreiche Blessuren und Hautabschürfungen auf, was zunächst einen Sturz vom Rand der Kiesgrube nicht ausgeschlossen erscheinen lässt.

Dagegen spricht allerdings die Lage der Leiche: Sie lag eben nicht am Rande, sondern in der Mitte der Grube. Tatort und Fundort sind aufgrund der Blutspuren mit Sicherheit identisch." Klick. „Als Tatwaffen kommen mehrere Steine in Frage. Der oder die Täter haben sich nicht die Mühe gemacht sie wegzuräumen. Der Todeszeitpunkt konnte noch nicht genau eingegrenzt werden, irgendwann am Wochenende, wahrscheinlich am Samstag."

Pope macht eine kurze Pause und überlegt. Renner, konzentriert und fit, nutzt die Gelegenheit: „Können wir noch etwas mehr über die Person des jungen Mannes erfahren? Familie, Freunde, Arbeitsstelle?"

Pope nickt bedächtig: „Über die Familie wissen wir nicht wirklich viel. Von Beruf war er Sozialarbeiter, angestellt bei der Diakonie. Was seine Freunde, oder besser gesagt seine Feinde betrifft, das werden eure Ermittlungen ergeben müssen. Ja, das ist alles, was wir im Moment haben."

Der Prof kratzt sich mit dem Stift am Kopf: „Das ist nicht viel."

„Und das ist noch übertrieben, das ist ja so gut wie gar nichts", kommt aus Renners Ecke.

Feminenz kritzelt auf ihrem kleinen Block herum und schaut ganz plötzlich den Popen an: „Wer hat ihn eigentlich gefunden?"

Der Pope hebt die Hände: „Sorry! Gefunden wurde er von den Arbeitern, die am Montagmorgen zur Schicht kamen."

Er setzt sich und im gleichen Moment steht Foodsi auf und geht zur Tafel. Mit wenigen Handgriffen ordnet er die Magnete: „Also meiner Meinung nach gibt es im Moment nur zwei konkrete Anhaltspunkte, wo es sich zu ermitteln lohnt: Erstens die Arbeitsstelle des Opfers und zweitens die Arbeiter aus der Kiesgrube. Das heißt, wir arbeiten immer zu zweit. Wer will mit wem wohin?"

Feminenz schaut fröhlich auf ihre neuen, roten Schühchen: „Bevor ich in die Kiesgrube wandere, gehe ich lieber zur Diakonie."

„Ich komme mit", lässt der Prof hören.

Foodsi zwinkert Renner zu: „Na, dann widmen wir uns mal der Kiesgrube."

Der Pope nickt anerkennend: „Dann sortiert euch mal zusammen, damit jeder auch die Notizen vom anderen zur Verfügung hat. Danach erläutert jede Gruppe kurz, wie sie vorgehen will."

Es folgt ein großes Umgetausche und Tuscheln. Renner und Foodsi haben sich zuerst auf eine Strategie geeinigt und beginnen: „Wir sind der Meinung, dass es eigentlich wenig Sinn macht, in die Kiesgrube hinauszufahren. Aber da wir weder Zeugen haben, noch Verdächtige, ganz zu schweigen von einem Motiv, müssen wir ja irgendwo anfangen. Da die Arbeiter die Leiche erst am Montag gefunden haben, ist es unwahrscheinlich, dass von Samstag bis Montag dort jemand entlang gekommen ist. Das besagt aber nicht, dass dort niemand unterwegs ist: Vielleicht geht irgendwer dort mit seinem Hund spazieren oder was auch immer. Kiesgruben werden doch auch mit Vorliebe von jugendlichen Motorradfahrern zum Herumkurven benutzt. Vielleicht gibt es sogar Typen, die sich dort regelmäßig treffen? Das alles können uns nur die Arbeiter erzählen. Außerdem wollen wir uns einmal das Gelände näher ansehen; es liegt ja vor der Stadt. Wie lange läuft man zu Fuß? Wie lange braucht ein Auto? Irgendwie müssen Opfer und Täter ja dorthin gekommen sein."

Feminenz und Prof verständigen sich währenddessen mit Zeichen und können sofort mit ihrem Plan die Zwei ergänzen: „Wir erhoffen uns bei der Diakonie zweierlei, wir wollen Informationen über Steffen D. und sein persönliches Umfeld einholen:

- Was war er für ein Mensch?
- Mit wem und womit verbrachte er seine Freizeit?
- Wie gestaltet sich sein familiäres Leben?
- Welche Kontakte pflegte er zu seinen Kollegen?

Das wird Feminenz übernehmen. Ich werde mich um seine Arbeit kümmern:

- An welchen Fällen hatte er in der letzten Zeit gearbeitet?
- Was für Personen oder Personengruppen hat er als Sozialarbeiter betreut?
- Vielleicht gab es darunter rivalisierende Jugendbanden oder er hatte mit sonst irgend jemand Schwierigkeiten?

In so einem Beruf hat man ja mit einer Menge sozialem Zündstoff zu tun. Es ist möglich, dass dort das Motiv zu suchen ist. Ganz nebenbei wäre es interessant zu wissen, ob er sich politisch engagiert hat."

Pope gießt sich genüsslich sein Glas voll und macht es sich bequem: „Auf, die Zeit läuft! Dort liegen die Bibeln."

Und heute läuft sie besonders schnell. Die Partnerarbeit macht sichtlich Spaß, und Boden und Tafel füllen sich mit Zetteln. Unterbrochen wird das Geraschel nur hier und da von lautstarken Lachern. Pope als guter Beobachter amüsiert sich und denkt, dass die eh schon alles wissen und den Fall nur noch zur Gaudi verkomplizieren. Die ersten Kerzen sind längst aus, als es heißt: „Nun zeigt schon her, was ihr habt!"

Die zwei Kiesgrubenbesucher pumpen schon wie die Maikäfer und wollen endlich losfliegen. Renner legt los: „Erst schien es so, als ob sich unsere Ermittlungsergebnisse immer mehr gegen Null bewegten. Bis auf die Tatsache, dass noch immer Steine mit Blutspuren gefunden wurden, was den Verdacht auf mehrere Täter erhärtete, hatten wir nichts. Aber dann kam doch noch ein Treffer."

„Ein Volltreffer", warf Foodsi dazwischen. „An einer abgesoffenen Kiesgrube in der Nähe badeten Kinder. Wir hatten uns nicht viel davon versprochen, aber wir haben die Kids gefragt, ob sie hier oft baden. Sie meinten, sie sind jeden Tag da. Also auch am Samstag. Und stellt euch vor, sie hatten wirklich etwas gesehen: Ein großes, schwarzes Auto fuhr an der Badestelle vorbei. Das war noch nie vorgekommen. Leider haben wir kein Fabrikat und keine Autonummer. ‚Irgend so eine Nobelkutsche', war der O-Ton einer Zwölfjährigen. Aber es kommt noch besser. Sie meinte, dass sie zwar nicht das Auto kannte, aber den Mann, der es gefahren hatte!"

„Olala, das nenne ich einen Erfolg von Kommissar Zufall", Feminenz applaudiert. Foodsi wirft sich in die Brust und übernimmt: „Und woher kannte sie ihn? Sie kannte ihn aus der Zeitung! Wir haben dann alles gecheckt, was so eine kleine Kröte interessieren könnte, Schauspieler, Sportler, Sänger usw. War aber leider eine Fehlanzeige. Sie war sich ganz sicher, dass das Bild auf der ersten Seite war!"

Prof sieht Feminenz an und pfeift durch die Zähne: „Ein Politiker! Das heißt, es gibt wahrscheinlich einen Zeugen, der es aber nicht für nötig hält, eine Aussage zu machen. Was sagt uns das? Dass er eventuell mit drin hängt und um seine Karriere fürchtet. Na, dann lasst uns jetzt mal: Wir können vielleicht Licht in die Geschichte bringen."

Feminenz ordnet die Zettel und beginnt: „Also, mir ging es bei meinen Ermittlungen ähnlich wie den beiden: Jeder kannte Steffen D. als freundlich, zuverlässig, großzügig, liebevoll umgehend mit den Menschen, die zu ihm kamen. Ein wahres Musterexemplar von Mensch.

Er lebte allein und ausschließlich für seine Arbeit. Was auch die Frage nach der Freizeit erübrigt: Er hatte keine. Aber er war ein echter Gerechtigkeitsfanatiker. Und wenn jemandem Unrecht geschah, dann konnte er über alle Maßen ungemütlich werden - und das ungeachtet der Person.

Er legte sich mit Pfarrern und Staatsbeamten genauso an wie mit Obdachlosen, die sich gegenseitig beklauen. Und hier wird die Sache spannend. Aber ich will dem Prof nicht seine Show stehlen."

Feminenz blinkert ihm aufmunternd zu. Der Prof rückt seine Brille zurecht: "Am Dienstag hatte Steffen D. eine flammende Rede vor dem Stadtrat gehalten. Und diese nicht nur mit so platten Argumenten wie: Wir brauchen mehr Geld für unsere Arbeit.

Nein, er hatte den noblen Herren einmal den Spiegel vorgehalten. Er hat sie an ihren Werdegang erinnert. Mit welchen Mitteln sie sich zum Teil in ihre Position gebracht haben. Da war von Korruption und Protektion die Rede, von Steuergeldern, die veruntreut wurden und von ihren Lügen im Wahlkampf. Er beschuldigte sie, sich auf ihrem Luxus auszuruhen und kein wirkliches Interesse an den Menschen zu haben, für die sie eigentlich dasein sollten.

Das alles hatte er mit Name und Hausnummer belegt. Diese Situation war nicht nur peinlich für manche Herren, sondern gut dazu angetan, Köpfe rollen zu lassen. Die Sitzung endete in einem Tumult und wurde abgebrochen. – Drei Tage später ist Steffen D. tot.

Am nächsten Tag ging das natürlich gleich durch die Presse, unter anderem mit einer Gegendarstellung eines jungen, ehrgeizigen Politikers namens Raul von Tarnow und diese wiederum mit seinem Foto! Es könnte gut sein, dass es das Bild ist, welches das Mädchen in der Zeitung gesehen hatte."

Renner schnauft tief durch: „Ein echter Krimi, aber ihr glaubt doch nicht wirklich, dass der Stadtrat dem Steffen D. in der Kiesgrube einen Stein auf den Kopf gehauen hat."

„Natürlich nicht! Für die Drecksarbeit haben die ihre Leute."

„Feminenz", spottet Foodsi, „doch nicht unsere Politiker!"

Renner kontert: „Feminenz hat recht. Sie brauchen ja nicht einmal Leute anzustiften. Es reicht schon bestimmte Gruppen aufzuhetzen. Gewaltpotential gibt es genug. Und schon sind die sauberen Politiker aus dem Schneider."

„Und dann war es Mord!", verkündet der Prof mit fester Stimme.

„Oder sie wollten ihm nur eine Abreibung verpassen und die Prügelei ist eskaliert. Dann könnte es auch ein Unfall gewesen sein", gibt Feminenz zu bedenken.

Für einen Moment breitet sich eine nachdenkliche Stille aus. Foodsi muss schnell Nahrung nachfüllen und übernimmt dann das Wort: „Wenn der Mann in dem schwarzen Auto wirklich Raoul von Tarnow war, dann war er am Tatort. Und wenn er am Tatort war, dann hat er gewusst, was dort passiert.
Er fährt ja nicht aus heiterem Himmel in den Kiesgruben spazieren. Und er hat nicht eingegriffen, was soviel wie eine Zustimmung bedeutet. Das heißt: Egal ob Mord oder Unfall mit Todesfolge, der Mann ist auf alle Fälle mitschuldig."
Der Pope faltet seine Blätter mit dem Schlusswort zusammen: „Mal sehen ob der Herr von Tarnow aus dieser Sache heil herauskommt. Morgen wissen wir mehr. Die roten Zettel bitte."

☛ Falls sich die Leser vergewissern möchten, ob sie auch richtig liegen, sollten sie die Seiten 82-85 [Apg 6,8 – 8,1] aufschlagen.

◉ ◉ ◉

Am nächsten Morgen ist das beliebte Flurfenster mit dem Heizkörper schon früh belagert und die Stimmung ausgezeichnet, was darauf schließen lässt, dass es wieder einen Erfolg zu feiern gab. Der Prof lästert den Popen an, dass er keinen schwereren Fall ausgegraben habe.

Pope kontert: „Ich dachte, ihr seid zu lange aus der Übung, und wollte euch schonen."

Die anderen tun beleidigt: „Also, direkt nach Weihnachten hätte diesen Fall jede Rentnergruppe gelöst."

„Unterschätzt die Rentner nicht. Die kennen sich in der Bibel besser aus als ihr", lacht der Pope.

„Streitet nicht", übernimmt Renner das Wort. „Ihr könnt eure Fähigkeiten gleich unter Beweis stellen. Da mein Fahrrad zwangsweise Winterschlaf halten muss, habe ich viel Zeit und somit einen neuen Fall."

„Na, wenn das keine gute Nachricht ist! Wann legen wir los?" Foodsi packt den Rest seines Frühstücksbrötchens ein und starrt Renner erwartungsfroh an.

„Meinetwegen gleich – und wenn ich gleich sage, dann meine ich gleich", grinst Renner zurück.

Prof, heute wieder enorm diskutierfreudig, schaltet sich ein: „Also gleich heißt sofort und sofort heißt jetzt. Und gehen wir dann noch in die Schule?"

Feminenz wirft ihre Tasche über die Schulter und schüttelt den Kopf: „Spinner, natürlich um sechs im Keller."

Um sechs im Keller erwartet sie nicht nur der Prof, sondern auch ein farbenfrohes Schlachtfeld. Renner scheint irritiert: „Warum haben wir eigentlich gestern nicht aufgeräumt?"

Der Prof lächelt überheblich: „Gestern? Das ist fast immer so. Es fällt euch nur nicht auf, weil wir uns nicht so oft von einem Tag auf den anderen treffen. Innerhalb einer Woche habe ich es dann auch alleine geschafft. Gestern Abend hatte ich allerdings auch keine Lust mehr dazu."

Als gerade der große Protest anheben will, kommandiert Renner: „Attacke! So kann ich nicht arbeiten."

Während nun in Windeseile die nötige Ordnung für einen zünftigen Krimiabend hergestellt wird, geht Renner zur Tafel, packt seine Vorbereitung aus und lässt schon mal die ersten Magnete klicken: ein großes Plakat mit so etwas wie einer handgemalten Landkarte, ein Berg, ein Fluss, ein größeres Anwesen und entlang des Flusses viele kleine Kreuze.

Feminenz lästert: „Ah, schaut her, wie viel Zeit Renner hatte." Pope betrachtet das Ganze sofort sehr interessiert: was soll das sein? Ein Friedhof?"

„Jetzt schon", murmelt Renner halblaut vor sich hin. Foodsi greift sich noch schnell ein Weihnachtsplätzchen und setzt sich: „Nun spann uns nicht auf die Folter: Was haben wir denn heute?"

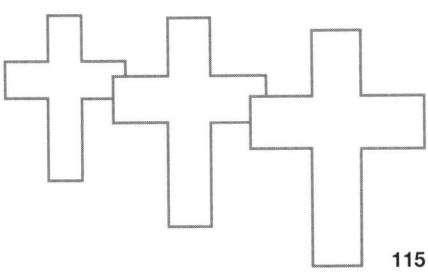

DER ACHTE FALL: HAUPTKOMMISSAR RENNER
SCHWARZE MESSE ODER MASSENMORD

„Wir haben zunächst einmal einen Tatort: Den habe ich euch dort aufgemalt. Die Kreuze entlang des Baches sind – 450 Leichen!"

Prof schaut skeptisch über seinen Brillenrand Renner an: „Und du bist dir ganz sicher, dass es sich weder um einen Flugzeugabsturz noch um einen Krieg handelt?"

„Ganz sicher! Aber worum es sich wirklich handelt, Massaker, Amoklauf oder was auch immer, das müssen wir herausfinden."

Pope rutscht nervös in seinem Sessel hin und her: „Na, los! Bitte mehr Informationen!"

Renner geht zur Tafel: „Zunächst also eine Ortsbegehung: Der Berg ist der Marmel." Klick. „Demzufolge ist dort unten der Lischonbach." Klick! „Das Anwesen liegt ziemlich weit oben auf dem Berg und gehört einer religiösen Sekte, die sich Balisten nennen. Der Obermacker dieser Sekte ist eine Frau, Isabella E., verheiratete Achatius.

Klingelt es schon irgendwo? Nein? Noch nicht? Achatius ist der Chef der Isra AG, ein Wirtschaftsgigant erster Güte. Und es kommt noch besser: Die Hochzeit der beiden war die Elefantenhochzeit des Jahrhunderts. Töchterchen Isabella hat nämlich ihrerseits ein erhebliches Vermögen mit in die Ehe gebracht, ein See- und Handelsunternehmen.

Böse Zungen behaupten, dass sich da lediglich zwei Firmen geheiratet haben und dass Madame Isabella nun in beiden Firmen die Hosen an hat. Schon vor der Heirat hatte Isabella mit diesen Balisten sympathisiert und dann Stück für Stück die Macht übernommen.

Die 450 Toten sind ausschließlich Mitglieder dieser Sekte. Wie der Ehemann zu diesen Aktivitäten seiner Frau steht, wird herauszufinden sein. Ein offizielles Mitglied ist er jedenfalls nicht. Gibt es Fragen?" Renner schaut in die Runde.

Foodsi hebt die Hand: „Weiß man etwas über die Todesursache?"

Renner nickt: „Ah, ja, das ist vielleicht noch interessant. Das ist eine bunte Mischung: erschlagen, erstochen, erschossen."

„Schade", ist von Feminenz zu hören, während sie mit größter Hingabe an einem abgebrochenen Fingernagel feilt.

„Was ist schade?", fragt Renner belustigt zurück. „Du hast gerade meinen Denkansatz kaputt gemacht", bedauert Feminenz.

„Ich dachte an kollektiven Selbstmord. Bei fanatischen Sekten gibt es das ja öfter. Aber das ist dann wohl eher unwahrscheinlich. Denn meistens gibt es dafür irgendein Ritual. Oder?"

„Das ist anzunehmen. Außerdem habe ich noch nie von jemandem gehört, der sich selbst erschlagen hat", Renner grinst matt.

„Also ich höre. Wie wollt ihr vorgehen?"

Es entsteht eine kleine Pause, dann hebt Pope die Hand: „Ich würde mich gerne mal über die Sekte informieren wollen:

- Was haben die dort wirklich gemacht?
- Welche Leute haben sich ihnen angeschlossen?
- Gibt es noch mehr Gruppen dieser Sekte? Wenn ja, wo?
- Haben sie ihre Hände in irgendwelchen kriminellen Geschichten, wie Drogen, Geldwäsche oder sowas?
- Wie finanzieren sie sich überhaupt?"

„Ganz großes Programm", bewundert Renner. „Da ist Pope doch in seinem Element. Weiter."

Feminenz ist heute gut drauf und hat schon wieder eine neue Idee: „Irgendjemand muss ja auf diese Sekte eine Mordswut gehabt haben. Da ich mir nicht vorstellen kann, dass ein Täter 450 Leute erschießt, erschlägt und ersticht, werden wir nach mehreren Tätern suchen müssen. Und da so ein Anschlag organisiert werden muss, ist es wahrscheinlich eine Gruppe. Ich würde mal nach den Leuten suchen, die etwas gegen die Balisten hatten, Arbeitstitel: Widerstandsgruppe. Okay?"

Prof putzt bedächtig seine Brille und schaut dann Foodsi an: „Also bleiben für uns zwei die Firmen. Wollen wir zusammen oder einzeln?" Foodsi schnappt sich mit einer Hand die Bibel und mit der anderen ein Stück Schokolade: „Ich würde sagen, wir fangen zusammen an. Später spezialisieren wir uns nach Bedarf. Vielleicht ist es nicht schlecht, wenn sich einer die Chefs und der andere die Belegschaft vornimmt. Da kommt man sicher zu ganz unterschiedlichen Ergebnissen. Wichtig ist in jedem Fall, wie viele von den Angestellten zu dieser Sekte gehören und ob auch Firmenmitglieder unter den Toten waren."

Alle scheinen zufrieden mit ihrem Arbeitsauftrag und verkrümeln sich in ihre Lieblingsecken. Renner geht zur Tafel und sortiert die Arbeitsgebiete der einzelnen nach Stichpunkten. Er ist wirklich gut vorbereitet. Die anderen werden offensichtlich fündig, denn es füllen sich diverse Zettel und Blätter mit Notizen.
Pope erhebt sich: „Hat jemand etwas dagegen, wenn ich mal schnell ins Internet gehe? Das geht jetzt schnel-

ler, als im Buch suchen." Auch dagegen gibt es keine Einwände. Jeder ist mit sich selbst beschäftigt.

Dann hört man, wie Pope mit der Hand auf die Schreibtischplatte schlägt und ein begeistertes „JA" verlauten lässt. Der Drucker fiept und Pope scheint sich seines Fahndungserfolges sicher zu sein.

Prof sortiert noch seine Zettel und Foodsi sagt zum Popen: „Nun leg schon los, du platzt ja gleich."

Alle Augen sind so gespannt auf den Popen gerichtet, als ob er die Lottozahlen verkünden will.

„Also, wie zu erwarten war, ist diese Gruppe auf dem Marmel nicht die ganze Sekte. Solche Gruppen sind über das ganze Land verstreut und erfreuen sich immer größerer Beliebtheit. Die Anzahl der Mitglieder wächst ständig. Ganz sicher ist, dass die Gründerin dieser Gruppe auf dem Marmel Frau Isabella ist, die sich mit wenigen Getreuen dort vor Jahren niedergelassen hat und ständig an der Vergrößerung der Sekte arbeitet.

Wie groß und wie einflussreich die Sekte wirklich ist, lässt sich nicht genau sagen. Da halten sie sich sehr bedeckt. Jedenfalls ist es mehr, als alle glauben."

Pope schnappt sich das Blatt, das der Drucker ihm ausgedruckt hat: „Ich gebe zu, dass ich dies hier nicht in der Bibel gefunden habe, sondern im Internet und möchte fragen, ob es zur Beweisführung herangezogen werden darf?"

Nachdem Renner souverän genickt hat, referiert Pope weiter: „Die Sekte an sich beruht auf einem alten Fruchtbarkeitskult und verspricht denen, die sich an die Regeln halten, großen Erfolg im Beruf und bei allen ihren Unternehmungen. Wie bei allen Sekten gehört das Opfer dazu, was heute im Allgemeinen aus einer größeren Geldsumme besteht. Im Vergleich zu anderen Sekten, die ihren Mitgliedern mit Meditation und Stille Großes versprechen, geht es bei den Balisten munterer zu.

Bei ihren Treffen gibt es laute Musik und rasende Tänze bis zur völligen Erschöpfung, angereichert von wilden Rufen und verzücktem Stammeln. Die Leute gelangen dann in so eine Art Trancezustand und sind nicht mehr zurechnungsfähig. Dann geht es aber erst richtig los mit geschlechtlichen Ausschweifungen bis hin zu kultischer Prostitution oder Selbstverletzung.

In dem alten Kult, auf den sich die Balisten berufen, gab es sogar Menschenopfer. Das waren meistens Kinder, die von ihren Eltern geopfert wurden. Aber das kann man der Gruppe nicht nachweisen. Allerdings kann ich mir gut vorstellen, dass sich das Ganze mit Drogen schön anheizen

lässt. Gespannt bin ich auf die Ergebnisse aus den Firmen. Mir ist nicht klar, was eine Geschäftsfrau wie diese Isabella mit so einer Sekte bezweckt."
„Na gut, dann machen wir wohl am besten weiter." Prof zwinkert Foodsi auffordernd zu.
„Wir haben auch so viel, dass wir gar nicht wissen, wo wir anfangen sollen. Beginnen wir mit der Firma des Herrn Achatius: Das ist ein uraltes Familienunternehmen, dem es immer mal besser und mal schlechter ging, aber nie richtig schlecht. Der Alte führt es souverän und gut, lässt sich aber nicht gerne dazwischenreden.

Die Belegschaft nennt ihn daher King Achat, was aber nicht negativ besetzt ist. Das große Übel war wieder einmal die Gier. Der Zusammenschluss mit dem ausländischen Unternehmen der Sidon Im- und Export war die Möglichkeit, den gesamten Markt zu beherrschen. In seinem Machthunger setzte er sich über vieles hinweg, was er früher selbst angeordnet hatte und was ihm eigentlich sehr wichtig war.

Er hatte nur noch den einen Gedanken: diese Frau zu ködern und die Firmen zu vereinen. Dazu war ihm jedes Mittel recht. Weil er unbedingt dieser Frau gefallen wollte, unterstützte er den Aufbau der Sekte und finanzierte die aufwendigen Bauten auf dem Marmel. Früher soll er sogar zu diesen Versammlungen gegangen sein. Dabei bemerkte er zu spät, dass die Balisten Stück für Stück seine Firma unterwanderten, von seiner Frau in die einflussreichsten Posten geschleust wurden und er das Heft längst nicht mehr in der Hand hatte. Auf der anderen Seite war Isabella in ihrem Missionsdrang innerhalb der Firmen nicht zu bremsen.

Wer sich in der Firma irgendwelche Erfolgschancen ausrechnete oder Karriere machen wollte, kam an Isabella und den Balisten nicht vorbei. Damit nicht genug! Nach und nach erhöhte sie den Druck auf die Angestellten und die Nichtanhänger der Sekte wurden eindeutig benachteiligt. Die meisten fügten sich dem Druck und begnügten sich damit, das zu sagen, was man von ihnen hören wollte. Aber es gab auch andere.

Prof mach weiter! Ich habe ja schon Fusseln am Mund und brauche dringend etwas zu trinken."

„Genehmigt! Machen wir also mit den anderen weiter. Es gab natürlich einige kluge Leute, es waren vor allem langjährige Mitarbeiter der Isra AG, die diese Entwicklung beobachtet hatten und ihren Chef immer wieder darauf hinweisen wollten, dass dies kein gutes Ende nehmen konnte.

King Achat hat aber alle diese Warnungen als düstere Prophezeiungen abgetan. Auch dann noch, als das Unternehmen durch die Machenschaften Isabellas schon heftig geschüttelt war und ihr Einfluss auf Achatius despotische Züge annahm."

Prof steht auf und geht zur Tafel: „In diesem Zusammenhang möchte ich euch zwei Leute vorstellen: Erstens, Herrn Obatt, Sekretär und rechte Hand von Achatius." Klick. „Der Mann hatte wirklich den Durchblick. Allerdings war ihm sein Job zu wichtig, als dass er sich mit Achatius angelegt hätte. Er hatte in seiner Amtszeit schon genug Köpfe rollen sehen. Aber er nutzte seine Befugnisse dafür, so manche, die Isabella auf dem Kieker hatte, in andere Zweigstellen zu versetzen, um sie so aus der Schusslinie zu nehmen.

Zweitens, den ehemaligen Prokuristen Eluas, der gefeuert wurde, weil er seinen Mund eben nicht halten konnte. Er war der eigentliche erbitterte Gegenspieler Isabellas. Aber ich könnte mir denken, dass Feminenz bei ihren Nachforschungen auf diesen Herrn gestoßen ist und uns genauere Details liefern kann."

„Na da greift ja wieder einmal ein Räderwerk ins andere", freut sich Renner. „Feminenz hat das Schlusswort."

Feminenz schlägt die Bibel zu und die Beine übereinander: „Ja, ich denke, dass dieser Eluas die Schlüsselperson in unserem Fall ist. Person ist eigentlich das falsche Wort. Der Mann ist eine echte Persönlichkeit. Gradlinig und leidenschaftlich hatte er für die Firma gekämpft und verloren. Er hatte sich den gnadenlosen Hass Isabellas zugezogen und sie hatte nicht eher geruht, als bis Achatius ihm gekündigt hatte.

Schon als er noch in der Firma war, hatte er nicht nur das Gespräch mit Achatius gesucht, sondern immer wieder versucht, den Mitarbeitern die Augen zu öffnen. Er lieferte sich lauthals Diskussionen mit den Balisten, um ihnen klar zu machen, wie sie von Isabella benutzt und für dumm verkauft werden. Nachdem er die Firma verlassen musste, hat er aber nicht aufgegeben, im Gegenteil: Es gab ein konspiratives Treffen mit Obatt, in dem dieser ihm einen Kontakt mit Achatius außerhalb der Firma machen sollte.

Es kostete wohl einige Überredungskunst, denn Obatt fürchtete – wie immer – um seinen Kopf. Dennoch scheint das Treffen stattgefunden zu haben und Achatius hat sich mit Eluas auf einen Deal eingelassen: Achatius sollte ihm die Chance geben, mit einigen Leuten auf den Marmel zu kommen, mit den Balisten reden und mit ihnen ein Experiment zu machen.

Dabei würde sich die Sekte dermaßen blamieren und lächerlich machen, dass in Zukunft kein Hahn mehr nach ihnen kräht."

Feminenz macht eine Pause, offensichtlich um die Spannung zu erhöhen und Foodsi tappt gleich in die Falle: „Na und? Hat das Treffen stattgefunden? Weißt du, wie das Experiment ausgegangen ist?"

Feminenz lächelt: „Um ehrlich zu sein, ich kann es nicht sagen. Aber wenn ich Renners Karte und unseren Fall betrachte, könnte das Experiment anders ausgegangen sein als geplant. Eluas und seine Leute sind jedenfalls nicht aufzufinden."

„Olala, eine Flucht ist ja immer ein halbes Schuldeingeständnis", platzt Foodsi dazwischen. „Oder was meint ihr?"

„Egal, ob sie etwas damit zu tun haben oder nicht: Der Zorn Isabellas wird sie treffen. Da ist Abhauen das Vernünftigste", findet der Prof. „Es sei denn, Isabella lebt nicht mehr. Weiß übrigens jemand, ob sie unter den Opfern war?"

Die Antwort ist ein allgemeines Kopfschütteln und Schulterzucken. Renner spielt schon die ganze Zeit ungeduldig mit den roten Zetteln, aber er kommt noch nicht zum Zug: „Was ist nun, können wir endlich?"

„Bitte noch eine Frage an den Hauptkommissar", bettelt Feminenz. „Hat man bei der Tatortbesichtigung so etwas wie eine oder mehrere Feuerstellen gefunden?"

„Hat man! Aber das ist doch nichts Besonderes. Schließlich hat doch jeder im Garten einen Grillplatz. Aber das war jetzt die letzte Frage, sonst ist ja gar keine Spannung mehr drin."

Renner sammelt die Zettel ein und hat es plötzlich sehr eilig. Wahrscheinlich fürchtet er, man könnte ihm noch heute Abend das Geheimnis entreißen. Die anderen beginnen ohne Aufforderung aufzuräumen.

Der Rüffel vom Prof hat gesessen, auch wenn sich das keiner anmerken lässt. Pope will gerade die Namen an der Tafel in die biblischen Namen verbessern, aber Feminenz reißt ihm den Stift aus der Hand: „Untersteh dich! Auflösung gibt es morgen. Schließlich sollen dich heute Nacht noch Selbstzweifel quälen. Sozusagen als Strafe, weil du immer so viel weißt."

☛ Wenn ihr nicht bis morgen warten könnt, um zu erfahren, ob ihr den Fall richtig gelöst habt, dann findet ihr die entscheidenden Hinweise auf den Seiten 85-87. [1 Kön 16,29-34 und 18,1-40]

⊙ ⊙ ⊙

Der nächste Morgen verspricht einen klaren Wintertag mit Sonne und blauem Himmel. Feminenz steht unter dem Kastanienbaum und blickt entzückt nach oben.

Foodsi kommt und nimmt die gleiche Position ein: „Was gibt es da zu sehen?"

Feminenz holt ganz tief Luft: „Alles! Ist das nicht ein cooler Blick. Die bereiften Äste und der blaue Himmel dahinter?"

„Ja, cool im wahrsten Sinn des Wortes", gibt Foodsi wenig begeistert zurück und wickelt seinen Schal noch eine Runde weiter um den Hals.

Als Prof und Pope kommen und die beiden dort stehen sehen, stellen sie sich wie selbstverständlich dazu. Foodsi steckt die Hände in die Tasche und meint erklären zu müssen: „Feminenz hat heute schon die Sommerzeit ausgerufen."

Bevor irgendjemand noch eine dumme Bemerkung machen kann, biegt Renners blitzendes Fahrrad um die Ecke: „Ist das nicht ein super Tag heute!", ruft er schon von Weitem.

„Sag ich doch!", fühlt sich Feminenz bestätigt. Aber den Männer ist jetzt die Aussicht auf die Lösung des Falls viel wichtiger als das Wetter und sie rücken Renner gleich auf die Pelle: „Na los sag schon!"

Renner baut sich auf seinem Rad auf wie auf einer Kanzel: „Ich habe eine gute und eine halb gute Nachricht. Die gute ist, es haben alle richtig getippt. Aus der Flucht von Eluas und seinen Leuten haben alle die richtigen Schlüsse gezogen."

„Und was ist dann die halb gute?", wundert sich der Prof. „Nicht alle haben den biblischen Zusammenhang richtig erkannt. Perfekt war Pope."

Der aufbrausende Applaus lässt die vorbeieilenden Schüler wieder einmal einen neidischen Blick auf die Fünf werfen und Pope wird unter Schulterklopfen ins Schulhaus begleitet. Dieser sonnt sich ausnahmsweise mal nicht allein in dem Erfolg, sondern schiebt Renner noch ein Lob für die exzellente Vorbereitung zu.
„Halt", schreit Foodsi, „wie geht es denn weiter?"
„Na immer bei dem, der fragt", grinst Renner.
„Mach schon, du brauchst sowieso einen zweiten Fall."
„Okay, okay", Foodsi hebt die Hände hoch: „Ich ergebe mich, aber lasst mir etwas Zeit. So langsam muss so ein Bibel-Outsider wie ich lange suchen."

Es dauerte wirklich eine Weile bis Foodsi mit dem Gesicht eines Siegers in der Schule verkündet: „Wir können!"
„Na endlich, ich weiß schon gar nicht mehr wie der Keller aussieht." Der Pope wirkt sehr ungeduldig.
„Und wann?"
„Ich bin so weit. Heute, wenn ihr könnt. Um sechs im Keller?"
Als Foodsi im Keller ankam, war alles wie immer. Zufrieden denkt er sich, was für ein eingespieltes Team sie doch sind. Pope winkt ihn gleich ehrerbietig auf seinen Platz. Er scheint wirklich Entzugserscheinungen zu haben und stellt gleich die Frage der Fragen: „Was haben wir denn heute?"

DER NEUNTE FALL: HAUPTKOMMISSAR FOODSI
DAS GRAUSAME EXEMPEL

„Wir haben zunächst einmal einen Leichenfund, um genau zu sein, einen Leichenteilfund. Es ist der Kopf eines Mannes." Klick! „Kleiner Tipp am Rande: Es ist nicht der Kopf, den wir beim letzten Fall von Feminenz nicht gefunden haben. Das wäre ja zu einfach.
Das Alter ist schwer zu schätzen, so zwischen 30 und 40 Jahren. Sein Äußeres wirkt sehr ungepflegt: lange Haare, Bart, das Gesicht sehr ausgezehrt, die Wangen eingefallen. Identität und Nationalität sind ungewiss. Der Fundort ist die Villa des Ehepaares Rhodes." Klick!

„Du meinst doch nicht etwa die Rhodes", Prof kann sich diesen erstaunten Zwischenruf nicht verkneifen.

„Doch ich meine genau die Rhodes, Landrat Rhodes nebst Gattin. Der Landrat hatte Geburtstag und zu diesem Anlass findet alljährlich eine Riesenparty statt. Dazu ist alles eingeladen, was Rang und Namen hat: Staatsbeamte, Unternehmer, Offiziere und jede Menge prominentes Volk.

Er liebt diese Feste, wo er sich mit schönen Frauen und einflussreichen Männern umgeben kann. Heute früh, als die Putzfrauen das Chaos des Festes beseitigen wollten, fanden sie zwischen leeren Flaschen, Gläsern und Essensresten den Kopf auf einer silbernen Schale." Klick!

„Das ist ja makaber", empört sich Feminenz."

„Ja, ich hatte auch gleich die Assoziation zu einem Schweinekopf im Schlachterladen", gibt Foodsi zu.

„Also ich bitte um ein wenig mehr Respekt. Wir reden über einen Toten", tadelt Pope.

„Entschuldigung! Also ich mache weiter: Das heißt, der Fundort ist keinesfalls der Tatort." Klick! „Zum Todeszeitpunkt kann man schon so viel sagen, dass es gestern Nacht gewesen sein muss. Über das Motiv, den Tatort, den Tathergang ist nichts bekannt. Das war es von mir erst mal."

Foodsi setzt sich und stärkt sich mit einer Hand voll Kartoffelchips. Alle anderen haben die Sprache noch nicht wiedergefunden. Renner ist heute wieder einmal der Schnellste: „Die Einzigen die Auskunft darüber geben könnten, was da heute Nacht wirklich passiert ist, sind die Gäste."

„Und die werden einen Teufel tun", mischt sich Feminenz ein. „Denn die können es nur verkehrt machen. Egal was sie sagen, ein cleverer Staatsanwalt bastelt ihnen daraus auf alle Fälle eine Anklage. Die Palette reicht von Beihilfe zum Mord bis unterlassene Hilfeleistung."

Der Prof kaut an seinem Brillengestell und mustert immer wieder die Magnete mit den Hinweisen: „Da hat ein Verbrechen stattgefunden. Das ist klar. Was ich nicht verstehe: Warum lässt man diesen Kopf da einfach so liegen? Es versucht niemand die Sache zu vertuschen. So besoffen kann man doch nicht sein!"

„Darauf gibt es nur eine Antwort", schlussfolgert der Pope. „Man muss es nicht vertuschen, weil alle Bescheid wissen."

Feminenz greift zu Stift und Bibel: „So kommen wir nicht weiter. Wenn die Gäste nichts sagen, dann muss uns eben einer über die Gäste etwas sagen. Wer eignet sich besser, als die Klatschreporter der Regenbogenpresse? Das übernehme ich. Wäre doch gelacht, wenn die nicht einige kleine Skandale für uns hätten."

Pope schreitet als Nächster zur Tat: „Ich könnte versuchen, etwas über die Identität des Toten herauszufinden. Irgendjemand muss ihn doch vermissen. In welcher Beziehung stand er zu den Rhodes? Vom Äußeren sieht er eher nicht so aus, als ob er in diesen Kreisen verkehrt:

- Hatte er Familie, Freunde?
- Wo befand er sich, bevor sein Kopf auf der silbernen Schale landete?
- Wer kennt diesen Mann?"

Foodsi nickt zufrieden über die Ansatzpunkte. Prof schaut zu Renner: „Wollen wir uns trotzdem mal

um die Gästeliste bemühen? Solche Leute reden zwar nicht gerne über sich, aber über andere. Vielleicht verquatscht sich ja einer.
- Und was ist eigentlich mit der Familie Rhodes?
- Gibt es da Kinder oder nahe Verwandte?"

Renners Gesicht hellt sich auf: „Ich glaube, da gibt es noch ein halbwüchsiges Töchterchen. Das wäre doch eine gute Aufgabe für mich." Alle verleiern die Augen und Renner bemüht sich schnell zu sagen: „War ein Witz, war ein Witz!"

Man macht sich also an die Arbeit. Merkwürdigerweise schreibt auch Foodsi wie wild in seinen Unterlagen herum und klickert immer wieder nervös mit dem Kugelschreiber. Er hat plötzlich das Gefühl, dass er es allen zu leicht gemacht hat und überlegt gerade noch ein Irreführungsmanöver. Und wirklich, bei den anderen scheint es gut zu laufen. Pope steht schon wieder an der Tafel und will die Magnete nebst Zetteln in eine verräterische Position bringen, als ihn der tödliche Blick von Renner trifft: „Pfoten weg! Hier denkt jeder für sich allein. Keine Nachhilfestunden!"

Foodsi greift ein: „Bevor hier schon über Ergebnisse diskutiert wird, wollen wir doch erst mal die Nachforschungen betrachten. Vielleicht liegt ihr ja alle ganz verkehrt."

Pope hebt die Hand: „Damit wir wissen, über wen wir eigentlich reden, sollte ich erst einmal den Toten aus seiner Anonymität herausholen:

Der Mann heißt Hannes Täuler und sein Lebenslauf ist der eines typischen Aussteigers. Als einziges Kind ist er wohlbehütet in einer guten Familie aufgewachsen, durchaus mit bescheidenem Wohlstand. Dann, von jetzt auf gleich, ist er weg von zu Hause und für längere Zeit abgetaucht.

Später wurde er am Gorbanfluß gesehen, wo er inzwischen eine Art Kommune gegründet hatte, alles Weltverbesserer. Er kritisierte nicht die sozialen oder politischen Umstände, er kritisierte die Menschen – und das mit wenig diplomatischem Geschick. Er schlug ihnen ihre moralischen Verfehlungen mit drastischen Worten um die Ohren. Er beschimpft sie als korrupt und gewalttätig, bezeichnet sie als Lügner, Erpresser, Halsabschneider und was weiß ich alles.

Und wenn ihr denkt, dass man ihn dafür mit faulen Eiern beworfen hat, habt ihr weit gefehlt. Die Leute kommen von sonst wo her, um ihm zuzuhören und ziehen sichtlich beeindruckt wieder von dannen. Sein Markenzeichen ist, dass er hinsichtlich der Person keinen Unterschied macht. Die Staatsbeamten sind genauso dran wie die Hilfsarbeiter, die Prostituierten genauso wie die braven Hausfrauen. Und da sind wir schon am Knackpunkt:

Er hat auch in aller Öffentlichkeit das Ehepaar Rhodes angegriffen, weil Mr. Rhodes seinem Bruder die Frau ausgespannt hat. Sie war nämlich in erster Ehe mit seinem Bruder Phil verheiratet. Summa summarum: Hannes T. war bekannt wie ein bunter Hund. Alle, die sagen, dass sie nicht wissen wer der Tote ist, lügen.

Er war also auch der Familie Rhodes bekannt. Jeder wusste, dass Rhodes sogar öfter Beamte zu seinen Reden schickte, um zu spionieren. Er hatte also ein großes Interesse an dem Mann. Ob das als Motiv reicht, weiß ich allerdings nicht."

Foodsi macht eine angedeutete Verbeugung vor dem Popen: „Alle Achtung! Da hat sich unser Pope mal wieder selbst übertroffen. Das war umfangreich, akkurat und ungemein aufschlussreich für die anderen Ermittler. Wer kann darauf aufbauen?"

Feminenz hebt die Hand: „Ich könnte jetzt vielleicht einmal meinen Reporterklatsch dazutun, dann haben Prof und Renner zum Schluss die Chance, Dichtung und Wahrheit auseinander zu sortieren." Mit einer lässigen Handbewegung erteilt Foodsi Feminenz das Wort.

„Also, die meisten Schlagzeilen machte eindeutig die Frau Rhodes. Von ihr wird behauptet, dass sie mit jedem ins Bett steigt, der ihr noch mehr Luxus und Lebensstandart bieten kann, und dass sie überhaupt ein intrigantes Weibstück ist. Nachdem Hannes T. seine Enthüllungsrede über die Familie Rhodes gehalten hatte, wurde er unter einem fadenscheinigen Vorwand verhaftet.

Man redet davon, dass Madam Rhodes ihren Ehemann diesbezüglich gnadenlos unter Druck gesetzt, eventuell sogar erpresst hat. Eigentümlicherweise hatte nämlich Rhodes eine Schwäche für den Täuler. Er hielt ihn für geistreich und intelligent und irgendwie bewunderte er seine radikale Art. Nach unbestätigten Meldungen soll er ihn sogar mehrmals heimlich im Knast aufgesucht haben, um sich mit ihm zu unterhalten. Worüber? Keine Ahnung!

– Die Tochter ist aus erster Ehe und ganz die Mama: Sie ist schön und reich, mehr hat sie nicht zu bieten und damit ist sie voll ausgelastet. Dass ihr Stiefvater hinter ihr her ist, pfeifen die Spatzen von den Dächern. Allerdings genießt sie das, auch in der Öffentlichkeit, was noch peinlicher ist."

Feminenz streicht in ihrer Liste herum und fährt fort: „So, kommen wir zu den berühmt-berüchtigten Festen der Familie: Dazu werden zwar nur vornehme Leute eingeladen, aber vornehm geht es da ganz gewiss nicht zu. Im Gegenteil, die Feste sind dafür bekannt, dass man sich im Kreis von Gleich-

gesinnten so richtig gehen lassen kann. Also nicht nur Fressen und Saufen, – Entschuldigung O-Ton des Reporters, – sondern auch Drogen, Stripperinnen und allerhand perverse Kurzweil. Dazu würde die Geschichte mit dem Kopf passen, aber es ist schwer vorstellbar, dass Menschen im Stande sind, so weit zu gehen.
Als Letztes habe ich noch eine Info von einem Paparazzo, der am Geburtstagsabend mit seiner Kamera vor der Villa herumgelungerte: Er hatte beobachtet, dass während des Abends Rhodes aus der Villa kam und mit seinen beiden Bodyguards verhandelte. Kurz darauf stiegen die beiden in ein Auto und fuhren weg. Das Auto kam nach etwa einer halben Stunde wieder und hielt am Hintereingang. Er hatte auch Fotos davon, aber auf denen war ebenso wenig zu sehen, wie er selbst gesehen hat."
Feminenz streicht zufrieden den letzten Punkt auf ihrer Liste und sieht erwartungsvoll zu Renner und Prof: „Jetzt ihr!"
Prof schiebt seine Brille hoch und Renner legt feierlich die Hände zusammen: „Ja, wir können es kurz machen,

denn wir haben jetzt nur ein paar Fakten. Einer der Gäste, - er möchte natürlich nicht genannt werden -, hat sich entschlossen, uns zu erzählen, was er an dem Abend beobachtet hat:

Das Fest steuerte seinem Höhepunkt zu. Es wurde angekündigt, dass nun die Tochter für ihren Stiefvater tanzen würde, was sie dann auch sehr sexy und ausdrucksvoll tat. Er war hin und weg vor Begeisterung und verkündete lauthals vor allen Gästen, dass er seiner Tochter für diesen wundervollen Tanz jeden Wunsch erfüllen würde, selbst wenn sie sich die Hälfte seines Vermögens wünschen sollte.

Daraufhin sah man wie Mutter und Tochter ihre Köpfe zusammensteckten. Offensichtlich wollte sich das kleine Luder von Mama beraten lassen, was sie sich wünschen solle. Dann sprang sie plötzlich auf, lief zu ihrem Vater hin und flüsterte ihm etwas ins Ohr. Rhodes wurde kreidebleich, es entglitten ihm alle Gesichtszüge und er verließ augenblicklich den Saal. Es sah so aus, als ob ihm schlecht geworden war. Aber kurze Zeit später hatte er sich wohl wieder gefangen, kam wieder herein, setzte sich auf seinen Platz und tat so, als ob nichts gewesen wäre.

Als dann das Mitternachtsbuffet angerichtet wurde, stand plötzlich mitten auf dem Buffet die Schale mit dem Kopf. Es gab einen Aufschrei unter den Gästen und die meisten verließen schlagartig das Fest, unter anderem auch unser Informant. Was danach geschah, entzieht sich unserer Kenntnis."

Es entsteht eine Pause, denn selbst unseren hartgesottenen Ermittlern ist diese Geschichte etwas zu makaber. Feminenz will wenigsten einen Schlusspunkt setzen und meint: „Da spricht man immer von den guten, alten Zeiten. Vor 2000 Jahren war die Zeit auch nicht gerade besser, wie man sieht!"

Pope spielt schon seit einiger Zeit mit seinem beschrifteten roten Zettel und ist sich seiner Sache wieder mal ziemlich sicher. Aber auch Foodsi geht davon aus, dass Pope richtig liegt und passt daher gut auf, dass keine verräterischen Andeutungen die Runde machen: „Los Leute, her mit den Mörderzetteln, ich habe einen mörderischen Hunger und muss jetzt einfach etwas essen."

„Ich hätte noch Tiefkühlpizza im Angebot", vermeldet Prof während er mit dem Aufräumen beginnt. Renner nimmt ihm den Stapel aufgesammelter Blätter aus der Hand: „Wunderbar! Wir räumen auf, du holst die Pizza."

☞ Wer schon ganz neugierig ist, ob sein eigener Tipp stimmt, der kann auf der Seite 88 nachlesen. [Mk 6,17-29]

⊙ ⊙ ⊙

Als Foodsi am nächsten Morgen über den Schulhof geht, ist keiner von den Freunden zu sehen. Das ist ungewöhnlich, denn normalerweise wollen immer alle so schnell wie möglich wissen, wie ihr Fall gelöst worden ist. Da er aber auch spät dran ist, geht er gleich in die Klasse und die Meute trifft sich erst in der großen Hofpause.
„Was war denn los mit euch?", wundert sich Foodsi. „Prof musste erst einmal meine dürftige Hausaufgabe noch etwas aufpeppen und Renner hatte heute ohnehin verschlafen", klärt Feminenz den Sachverhalt auf.
„Ja und? Wie sieht es aus?" Pope macht die typische Handbewegung, Daumen nach oben, Daumen nach unten. Foodsi grinst breit und poliert einen Apfel an seiner Jacke.
„Das ist doch ganz klar! Wir sind doch inzwischen ein professionelles Team. Ich hatte ja schon Angst, ihr würdet streiken, weil es zu leicht war. Für den Popen war die Sache sowieso nach zehn Minuten gegessen, oder?"
Pope weiß nicht genau, ob er verlegen sein soll oder seinen Sieg auskosten will. Die Entscheidung wird ihm abgenommen, denn fünf Hände schlagen aneinander und man ist wieder einmal rundum zufrieden mit sich.
Prof putzt umständlich seine Brille, legt die Fingerspitzen beider Hände aneinander, als ob er etwas Wichtiges vermelden will.

„Liebe Freunde", beginnt er feierlich, „ich muss euch eine traurige Mitteilung machen: Unsere Dekade geht wieder einmal zu Ende, denn der nächste Fall ist der zehnte. Ich

habe also die Ehre, den letzten Fall vorzustellen und ich verspreche euch, dass es ein besonderer Fall wird. Allerdings bitte ich euch noch um einen Aufschub, denn nicht nur Feminenz, sondern auch ich muss mal etwas mehr Zeit der Schule widmen. Aber wir werden ganz sicher planmäßig vor den Osterferien unser Soll erfüllt haben. Ist das für euch in Ordnung?"
Es herrscht allgemeine Zustimmung. Nur Feminenz klagt: „Wenn der Prof so viel Zeit will, um den Fall vorzubereiten, dann wird er uns einen ganz harten Brocken um die Ohren hauen."
„Und sicher geht es wieder um die ganz große Politik, wetten?" Renner schaut den Prof kritisch an.
Aber der lässt sich nicht provozieren. Er rückt seine Brille zurecht und lächelt gelassen: „Schaun wir mal!"

Der Vorfrühling hatte es in diesem Jahr in sich. Renner war mit seinem geliebten Rad Stunde um Stunde unterwegs und handelte sich einen handfesten Schnupfen ein. Feminenz konnte es noch besser. Sie legte sich mit ihrem Schlafsack in die Hängematte im Garten, um die ersten Sonnenstrahlen optimal einzufangen und schlief dabei ein. Dafür lag sie dann mit Fieber im Bett, was den Beginn der Ermittlungen ein weiteres Mal verzögerte. Als endlich alle wieder in der Schule waren, verkündet Prof sofort: „Meinetwegen kann es losgehen. Ich bin soweit."
Pope erkundigt sich noch, ob wohl ausnahmsweise zum letzten Fall ein Bibellexikon erlaubt wäre. Er befürchtet wohl auch einen extrem ausgesuchten Fall. Prof nickt wohlwollend und Foodsi reibt sich in Vorfreude die Hände: „Na dann, um sechs im Keller!"

Dem Keller merkte man deutlich an, dass hier zunächst der letzte Fall verhandelt werden sollte. Alles war besonders schön und sorgfältig hergerichtet. Mit dem was Foodsi an Essbarem auf den Tisch gestellt hat, hätten alle mehrere Tage überleben können. Renner poliert Gläser und Feminenz hat sogar ein Blümchen mitgebracht. Pope bringt Bibeln, Stifte und Lexikon in Position. Der Einzige der noch fehlt ist Prof. Dann kommt er schwungvoll mit dem Laptop unter dem Arm zur Tür herein und staunt: „Olala, das sieht ja hier jetzt schon wie eine Siegesfeier aus!"
Pope ist wie immer ungeduldig: „Setz dich und sprich, was haben wir heute?"

DER ZEHNTE FALL: HAUPTKOMMISSAR PROFESSOR
WIRKLICH SELBSTMORD?

Prof sammelt einige Magnete von der Tafel und beginnt: „Wir haben eine männliche Leiche, nicht identifiziert." Klick! „Der Fundort ist ein kleines Wäldchen am Stadtrand." Klick. „Er wurde dort mit einem Strick um den Hals gefunden, was zunächst nach einem Selbstmord aussieht." Klick! „Wir müssen also erst einmal davon ausgehen, dass der Tod durch Erhängen eingetreten ist." Klick!

„Das ist jetzt nicht dein Ernst, oder?", Pope funkelt den Prof an und schiebt wütend die Bibel über den Tisch: „Wir präparieren uns hochgradig für den Fall der Fälle und du kommst mit einem eindeutigen Selbstmord."

„Halt die Klappe", fährt ihm Prof in die Parade. „Erstens wollte ich die Dekade nicht mit einem möglichen Misserfolg enden lassen und zweitens können wir das Ganze auch abkürzen, wenn ihr schon alles wisst."

„Kommt überhaupt nicht in Frage", protestieren die anderen.

Renner steht auf und sorgt für Ruhe: „Ein Fußballspiel dauert neunzig Minuten und hört nicht einfach in der Mitte auf, nur weil einer meint, das Ergebnis schon zu kennen. Das hier ist unser Spiel und wir spielen bis zum Ende!"

Zustimmung von den anderen. Er setzt sich wieder und nickt dem Prof zu: „Weiter, was haben wir noch?"

„Leider nicht viel. Die Behörden vermuten, dass er zu einer Gruppe von Leuten gehört, die keinen festen Wohnsitz haben und die schon öfter auffällig geworden sind. Aber sicher sind sie sich nicht."

Renner knufft Feminenz mit dem Ellbogen in die Rippen: „Na, dann schauen wir uns doch mal diese Obdachlosen näher an. Wir könnten uns als Yippie-Pärchen dort super einschleichen. Was meinst du?"

„Ich bin dabei", Feminenz legt ihren Kopf auf Renners Schulter und kramt ihren verliebtesten Blick hervor.

Foodsi trommelt mit dem Stift auf der Bibel: „Ich würde versuchen, etwas über die Identität des Toten herauszufinden. Aussteiger, die in solchen Gruppen leben, haben meist ein bewegtes Vorleben. Da kommt man ja nicht zufällig hin."

Prof nickt, schreibt dabei eine Notiz und schaut dann, hintergründig lächelnd, den Popen an: „Da ja unser Super-Ermittler den Täter zu kennen glaubt, könnte er doch uns mal ein möglichst lückenloses Täterprofil erstellen. Da hat er dran zu tun und muss sich nicht langweilen. Für uns wird es interessant sein zu hören, wie man zu einem Mörder oder Selbstmörder werden kann."

Das Gesicht des Popen hellt sich schlagartig auf. „Das gefällt mir. Danke für den Ball. Das war vorhin nicht so gemeint."

So zieht der Frieden wieder ein und alle machen sich ernsthaft an die Arbeit, egal wie viel sie schon wissen oder ahnen. Als Erster schlägt Foodsi zufrieden die Bibel zu und widmet sich dem Essbaren auf dem Tisch. Das Yippie-Pärchen diskutiert leise vor der Tafel und ordnet zum x-ten Mal ihre Zettel in einer anderen Reihenfolge. Der Pope, der immer noch an seinem Täterprofil knabbert, schaut hin und wieder hoch um zu sehen wie weit die anderen sind und wie viel Zeit ihm noch bleibt.

Prof ermuntert, zum Ende zu kommen und Foodsi kaut eine Runde schneller: „Lasst mich mal anfangen. Bei mir geht es heute schnell.

Der Tote heißt Julian Kariot und gehörte wirklich zu so einer Art Kommune, über die wir dann sicher von Feminenz und Renner noch mehr erfahren werden. Er stammt aus dem Süden des Landes und ist nicht vorbestraft – allerdings mehrmals aktenkundig geworden wegen kleinerer Betrugsdelikte, die man ihm aber nicht nachweisen konnte. Noch eines zur Todesursache: Der Tod ist nicht durch Erhängen eingetreten. Offensichtlich hatte er das vorgehabt, ist dabei aber abgestürzt und unglücklich auf einen Stein gefallen. Allerdings geht man trotzdem von Selbstmord aus, denn für ein Fremdverschulden gibt es keine Anzeichen."

„Aha, schau mal einer an", lässt sich Renner vernehmen und auch die anderen schauen interessiert hoch; scheinbar war das auch für sie neu. „Dann wollen wir mal unseres dazu tun: Wir haben uns also an die besagte Gruppe herangemacht und müssen zugeben, diese Gruppe hat uns schon sehr beeindruckt – aber auch überrascht.

Erstens: Ohne festen Wohnsitz stimmt nur bedingt. Es ist wahr, dass sie von Ort zu Ort ziehen und ständig unterwegs sind. Aber sie sind keine Obdachlosen im eigentlichen Sinn. Meistens wohnen sie bei Freunden oder Bekannten, schlafen auch im Sommer mal draußen, da sind sie sehr anspruchslos.

Allerdings hat man nicht den Eindruck, dass sie in Geldnot sind. Was sie zum Leben brauchen, haben sie. Ihr ganzer Alltag ist sehr religiös geprägt, es wird gebetet und so weiter und das, was sie ihre Arbeit nennen, zeugt ebenfalls von großem Gottesglauben."

Feminenz redet plötzlich weiter: „Das hat uns am meisten überrascht, dass sie nicht herumlungern oder in der sozialen Hängematte liegen, sondern unterwegs sind, um den Menschen zu helfen. Man findet sie auf den Straßen mit sozialen Brennpunkten und auf Kinderspielplätzen genauso wie bei Alten und Kranken, denen sie helfen, ihren Alltag zu bewältigen."

Renner wieder: „Und alles ohne Bezahlung! Manchmal kriegen sie etwas zugesteckt, aber sie nehmen kein Geld! Wir wollten natürlich herausbekommen, warum sie so leben. Was haben sie da immer gesagt?"

Renner schaut zu Feminenz. „‚Gottes Liebe zu den Menschen ist so groß, die muss sich in der Liebe der Menschen zueinander wiederspiegeln.' Oder so ähnlich."

„Na das ist ja alles ganz großartig. Wie passt jetzt der Selbstmord in diese heile Welt?" mischt sich Foodsi ein.

„Warte doch, wir sind doch noch nicht fertig", sprudelt es aus Feminenz heraus: „Solche Leute finden sich ja nicht zufällig. Die Gruppe hat ein bestimmter Christian Jewes vor ungefähr drei Jahren gegründet. Er hat sich auch die Leute ausgesucht, die dort mitmachen können. Alle stammen aus einer Region. Manche kannten sich sogar schon vorher. Bis auf Julius, der wie schon gesagt, von außen dazukam."

Renner übernimmt wieder: „Und jetzt kommt's: Vor ein paar Tagen hat man den Christian Jewes unter einem fadenscheinigen Vorwand verhaftet. Wie Prof schon am Anfang sagte, werden die Aktivitäten der Gruppe sehr misstrauisch beobachtet. Aber was will man ihnen vorwerfen? Dass die Leute sie gut leiden können, weil sie freundlich sind und ihre Hilfe anbieten? Dass auch solche Sätze fallen wie: ‚Die Politiker reden immer nur. Die hier tun wirklich was.' Sie sind eben sehr beliebt bei den Menschen. Selber haben sie aber noch nie eine Demo organisiert oder sind gegen irgendwelche Politiker vorgegangen. Die Frage ist trotzdem:
Hat die Verhaftung von Christian und der Selbstmord des Julius etwas miteinander zu tun?"

„Und weil man bei einem Selbstmord ja keinen Täter ermitteln muss, haben wir uns gedacht, wir geben diese Frage als Rote-Zettel-Frage mit unserem Ermittlungsstand an jeden von euch. Bitte nicht nur mit ja oder nein beantworten, sondern auch begründen. Helfen werden uns dabei sicher noch die Ausführungen des Popen."

„Gute Idee", kommentiert Prof. „So bekommt unser letzter Fall doch noch eine brisante Wendung. Und Pope hat das Schlusswort."

Pope räkelt sich und schnauft tief durch: „Ich weiß, dass ich nichts weiß! Leute, das war gar nicht so einfach. Ich bin in unserem Fall auch von

Selbstmord ausgegangen. Bei jeder Entscheidung, die man trifft, kann man hinterher erkennen, ob sie richtig oder falsch war. Wenn man es nicht eindeutig feststellen kann, so entwickelt man doch so etwa ein Gefühl dafür. Bei der Entscheidung, sich selbst das Leben zu nehmen, geht das nicht. Es lässt sich nicht mehr reflektieren und nicht mehr rückgängig machen, auch wenn der Grund sich als Irrtum herausstellen sollte. Ich glaube, wenn alle Selbstmörder vorher diese Überlegungen anstellen würden, könnte sich die Quote der Selbstmorde um die Hälfte senken.

Das heißt, der Mensch lässt diese Überlegungen gar nicht erst zu. Er befindet sich in einer ausweglosen Situation, wo der Tod die einzige Zuflucht scheint. Wie verzweifelt muss ein Mensch sein, für den die beste Lösung der Tod ist, die Flucht aus dem Leben? Er wird auf alle Fälle sehr einsam sein, denn diesen Schritt kann er mit niemanden bereden und er wird es auch nicht wollen.

Ich habe lange überlegt, ob ein Selbstmörder feige oder mutig ist. Ich weiß es nicht, es könnte beides

stimmen. Es muss ein ungeheurer Druck auf ihm lasten, dass er sich nicht vorstellen kann, ihn noch einen Moment weiter auszuhalten. Der Druck kann von außen kommen, also durch andere Menschen verursacht werden. Aber dieser Druck kann auch von innen kommen, wenn der Mensch irgendeine Schuld auf sich geladen hat oder meint, in einer Situation versagt zu haben. Der Mensch wird sein eigener Feind. Er kämpft mit sich selbst und kann doch nur verlieren.
Weiter bin ich nicht gekommen. Ich bin schon selbst ganz deprimiert. Aber das wäre auch mal ein Thema zum Diskutieren, gerade wo immer jüngere Menschen zu diesem letzten Ausweg greifen. Da haben wir es schon wieder! Ist es wirklich der letzte Ausweg? Ich könnte jeden Begriff auf meinem Zettel auch wieder in Frage stellen. Seid nachsichtig mit mir."

Alle klopfen auf den Tisch und zeigen sich doch sehr beeindruckt von diesen Sätzen. Prof steht auf und verteilt die roten Zettel. Foodsi gießt die Gläser voll und irgendwie entsteht eine unsichere Pause, die Feminenz rettet: „Ja Jungs, das war es dann wohl. Es war mir ein entsetzliches Vergnügen mit euch. Trinken wir auf die Zukunft!"
Renner ist irritiert: „Habe ich was verpasst, gibt es schon neue Pläne?"
Im allgemeinen Gelächter ertönt Foodsis Stimme wie eine Posaune: „Euer Ehren, ich beantrage